パンづくりの
メカニズムと
アルゴリズム

吉野精一

柴田書店

はじめに

　本書『パンづくりのメカニズムとアルゴリズム』(柴田書店)を執筆するきっかけとなったのは、ある月刊誌に『パン作りにおける「アルゴリズム」』というタイトルで短編のコラムを寄稿したことだった。2018年初夏の頃だっただろうか。その中でパンづくりのプロセスを説明する上で「アルゴリズム(計算手順)」という言葉に筆者自身も初めて触れたが、これには前置きがある。

　実は30年ほど前に出版された『空飛ぶフランスパン』(筑摩書房)の中で、「フランスパンを作るためのレシピはアルゴリズム(計算手順)に似ている」とフランスパンの製造過程を「アルゴリズム」に置き換えて解説していた。著者の金子郁容(慶應義塾大学名誉教授)先生は当時一橋大学商学部教授で、情報組織論やネットワーク論の第一人者であった。筆者が記憶する限り、その本の中でパンや菓子の食品加工科学の世界で初めて「アルゴリズム」「カオス理論」「ファジー論理」などのネットワーク理論を従来では考えられない切り口で展開されたことに驚愕した。当時はネットワーク論などピンとこなかった筆者であるが、確かに1980年代はコンピューターの進化とともに特にアメリカではネットワーク論が花盛りであった。また、数学的には「統計と確率」や「マトリックス」も一般化した頃であり、それらも相まってコンピューターのハード面もソフト面も急成長した時期でもあった。

　閑話休題、30年経って未だ浅学菲才の身ではあるが、昨年『空飛ぶフランスパン』を再読してみると、パンづくりにはメカニズム(仕組み)とアルゴリズム(手順)が存在することに改めて気付かされた。具体的に述べると、想定される最終製品を「目標とするパン」とするならば、「そこに到達するために実行すべきステップの指示の集まりが、プロセスである」ということ。到達するには、いくつものプロセスの中で「こうしなければならない」とか「こうした方が良い」を実行すること。そしてこの根幹となるのが、パンづくりの

メカニズムの科学的根拠である。

　パンづくりのアルゴリズムとは、数多くある「こうしなければならない」とか「こうした方が良い」の各ステップにおける選定とそれらの優先順位の決定にあると筆者は考える。ただ、正解手順を見つけたからといって、当然のことながら方法論は一つとは限らないし、「目標とするパン」の状態はそれぞれのパンごとに異なる。また、仮に方法論を一つに絞り込んだとしても、毎回同じ状態のパンを焼き上げることなど不可能に近い。ゆえに「目標とするパン」の出現は数学的「確率論」に当てはまらないのである。

　しかしながら、それではことが前に進まない。だから、許容範囲という枠を設けて、その枠内であれば「目標とするパン」の相似形が複数回出現することで「確率」を高める。また、実際のパンづくりはフィールド（有機化学、生物化学、物理化学など）が多岐にわたるので、膨大な量の科学的根拠と経験値の集積を摺り合せた結果、選定されたものが実行すべき指示となる。そしてこれらすべての情報が「パンづくりのメカニズムとアルゴリズム」を構築すると考える。

　付加すると「パンづくりのメカニズム」をマクロ的視野において解説を加えているので、個々のパンや特定のパン製法やレシピには一切触れていない。ゆえに本書の位置付けは、専門書ではあるが実用書ではなく、どちらかと言えば「考え方」のお手伝いをするための理論書である。読者の皆さまには、そのあたりをご理解いただければ幸いである。

　なお、本書では、参考文献などの出典についてはそのつどクレジットを表記しているので、悪しからずご了承頂きたい。

著者しるす

目次

（第1章） パンづくりのコンストラクション（構築）

材料の選別

第5章 パンのワンダーランド

パンづくりの コンストラクション（構築）

「料理やパン、菓子をつくろう！」と考えた時に、
多くの人がまず考えるのは、「どんな材料がいるの？」
「どのようにしてつくるの？」であろう。
次に「どんな器具や機材がいるの？」と考える。
これが、ごく一般的な発想であり、
これを具体化したものが「レシピ」である。
基本的なレシピには「材料と分量」そして「つくり方」や
「つくる手順」が記されており、食品加工の道標となっている。
食品加工の歴史をたどれば、先人は何百年も何千年もかけて
このレシピを構築してきた。
先人たちは素材を一つ発見するたびに、技術を一つ開発するたびに、
レシピに改善・改良を加えて精度を高めてきたわけである。
今日の「パンづくり」を鑑みると、これらのレシピは確かに
高次元・高水準ではあるが、少々煩雑さを感じるものにも思える。
そこでもう少し簡潔かつ体系的に整理できないかと考え、
「パンづくりのコンストラクション（構築）」を試みた。
言い換えれば、「パンづくりの道（The way to bread making）」の
道標づくりである。

「目標とするパン」の段階的構築

　パンをつくる時、最初に思うことは、「どんなパンをつくろうか？」もしくは「何をつくろうか？」であろう。そして「では、どのようにしてつくろうか？」とレシピの組み立てへと続く。この段階で、あなたは「目標とするパン」をイメージするはずである。「こんなパンをつくりたい！」と。このイメージがはっきりしていないと「美味しいパン」「良いパン」は焼けない。

　しかし、残念ながら、このイメージは机上の学習で得ることはできない。というのも、ある程度パンを食べ込まないと、つくりたいパンをイメージすることができないからだ。例えば、あなたがフランスパンをつくろうと思ったとする。それは、あなたは以前からフランスパンを知っていた、もしくは食べたことがあるからである。フランスパンを食べたことがあるからこそ、「クラストは薄くてパリッとしている」「クラムの食感はモチッとしている」「風味が良くて、味がしっかりしている」などのリクエストが湧いてくるのだ。

　要するに個々のレベルによって動機のもとになる「刺激」という名の貯金が、「官能や感性」と呼ばれる銀行に預けられていないといけないのである。極端に言えば、生まれてから今まで食パンのトーストしか食べたことのない人には、フランスパンの風味や食感はイメージできないはずである。加えて、未だパンを一度も焼いたことのない人に、パン製法や工程といった「パンづくり」を構築できるわけがない。とは言え、そんな否定的なことばかり言っても仕方ないので、以上は読者の皆さまの裁量にお任せして本文を進めようと思う。

　簡単に言えば、「目標とするパン」の構想が固まれば、まず「製法の選択」、そしてその製法に見合った「工程の組み立て」を行う。次に「配合の決定」を行い、最後に「材料の選別」をする。ただ、この段階的構築は筆者の基本的な手法であり、必ずしもこの手順でなければならないというわけではない。例えば、どうしてもこの材料を使用したいから、「材料・素材ありき（材料の選別）」が段階的構築の第1段階にきても問題ないと考える。

目標とするパン

材料の選別

小麦粉A　　小麦粉B

・小麦粉A 80%
・小麦粉B 20%
・食塩　　2%
・脱脂粉乳 2%
・インスタント
　ドライイースト 0.6%

配合の決定

工程の組み立て

製法の選択

ストレート法？

発酵種法？

製法の選択

多種多様なパン製法 (Baking methods)

　本来、「製法の選択」は、「目標とするパン」の個性や特徴を効率よく引き出すことを目的として、適正な製法を用いることである。各パン製法の長所・短所や利点・欠点を分析して、最も効果的な製法を選択するわけである。

　例えば、バゲットを製造するのに、量販店やコンビニの棚に並んでいる食パン用の製法を用いるわけにはいかない。仮に転用したとして、焼き上がったパンは単なるフワフワの棒状のものになるだけである。残念ながら、クラストがパリッとした、噛み応えのある味わい深いクラムのバゲットからはほど遠いパンとなる。

　それぞれのパンには、そのパンに合った製法の選択が必須となり、それを具現化するには、それなりの「経験と学習」が必要となるのは言うまでもない。また、通常は「○○製法」を単一で用いる場合が多いが、中には「○○製法」と「○○製法」を複合して用いる場合もある。しかし、それにはより高度な知識と理解力が必要となると考える。

　パン製法は「ストレート法」と「発酵種法」の2つに大別できるが、それぞれから分枝した製法は多数存在し、古き昔より伝わる伝統的なものから、新たに開発された近代的なものまで極めて多種多様である。それらすべてをご紹介することはできないが、できる限り体系的にグループ分けしたものを図表化した。

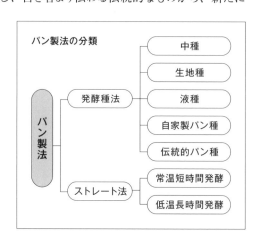

アメリカから導入された2大パン製法

　パン製法と一口に言っても、お国が違えばパンの種類や加工法も千差万別。今日の日本は世界でも類を見ないほど多くのパンを加工・販売している。日本の製パン科学と加工技術・設備は世界的にも群を抜いており、高品質なパンの大量供給が可能となっている。量販店やコンビニで販売されているパンがその代表格であり、最先端をいく合理化された生産ラインを持つ大手ベーカリーが大きく貢献している。

　それらの礎となったのは、第2次世界大戦後にアメリカから導入された"Baking Science & Technology（製パン科学と加工技術）"である。現在でも主流となっている2大パン製法、「ストレート法」と「中種法」がプラント輸入とともに導入された。その後もアメリカのベーカリー業界のマニュアルやノウハウが提供されたことで、1950年代に日本のベーカリー業界は飛躍的な成長を遂げることになる。

　驚くべきことにアメリカでは、2大パン製法は今より100余年前にアメリカ陸軍によって発表されていた。当時アメリカ陸軍は、第1次世界大戦に連合国の一員として1917〜18年にヨーロッパ戦線に参戦すべく、野戦を想定してさまざまな準備をしていた。その一環として、食料供給を目的とした移動式ベーカリーの開発もなされており、1916年11月には「Manual for Army Bakers, 1916 (United States. War Dept)」が、スコット将軍（H.L.Scott）によって発令される。翌年にはパン製法や兵糧パンの開発並びに移動式野戦ベーカリー設営のためのマニュアルブックとして軍内部で刊行された。第1次世界大戦後の1923年には「Manual for Army Bakers, 1916 (United States. War Dept)」のコピーが一般に公開され、アメリカベーカリー業界と共有されることとなる。その内容は多岐にわたり、現在の"Baking Science & Technology"の基礎的な部分をすべて網羅した非常に完成度の高いものであった。もっとも、このベーカリー業界の急速な発展の背景には、1900年にフライシュマンズ社によるアメリカで初めてのベーカリー向けの圧搾イーストの工業化（パン用酵母の純粋培養による量産化）の成功があったことを忘れてはならない。高密度で天文学

的な細胞数を持つ工業用イーストの出現により、製パンに要する全行程の所要時間が劇的に短縮されたことは、実に画期的なことだった。

　その後10〜20年間、アメリカのベーカリー業界が各食品産業とともに急成長を遂げたのは、当時から"Baking Science & Technology"関係のアメリカ学術界の積極的な協力があったものと確信している。そしてこの「Manual for Army Bakers, 1916（United States. War Dept）」もまた、のちのアメリカのベーカリー業界の発展に寄与した貴重な文献として高く評価されたと伝え聞く。

　最後になるが、ストレート法と中種法は、多種多様化する数ある製法の中でも、日本はじめワールドワイドで主軸となる2大パン製法であることに違いはない。

■ ストレート法 (Straight-Dough method)

　パン生地の発酵源にはイーストを使用し、一度（ストレート）のミキシングでパン生地（ドウ）を完成させる製法。従来は何日もかけてやっとパンが焼き上がるといった、発酵種によるパンづくりが唯一無二の製法であったが、工業用イーストの登場でパン生地の発酵、膨張が短時間で完了し、全工程の所要時間も著しく短縮された。通常早いものであれば2〜3時間、遅くとも5〜6時間もあればパンが焼き上がる。ストレート法の場合は生地温度と発酵時間の違いによって、常温発酵、低温発酵に大別されるので、以下にそれぞれの目安を記す。また、氷温レベル（−2〜2℃）や冷凍レベル（−20℃以下）による生地管理も存在するが、ここでは割愛させて頂く。

❶ 常温発酵
　生地温度：20〜30℃（ミキシング直後）
　生地発酵の管理温度：25〜30℃（発酵室／発酵機器）
　生地の発酵時間：1〜3時間（分割などの作業開始以前）

❷ 低温発酵（冷蔵法）
　生地温度：15〜20℃（ミキシング直後）
　生地発酵の管理温度：2〜5℃（発酵室／冷蔵庫）
　生地の発酵・熟成時間：12〜72時間（分割などの作業開始以前）

■ 中種法 (Sponge-and-Dough method)

　パン生地の発酵源にはイーストを使用し、中種 (スポンジ) とパン生地 (ドウ) の2段階方式のミキシングで完成させる。全使用量の50〜100％の小麦粉と水、イーストで中種をつくり、中種の発酵後に、残りの小麦粉はじめ各材料を加えてパン生地を作成する。食パンに使用される中種は、全使用量の70〜80％の小麦粉に水、イーストを加えてつくるのが一般的である。

　また、日本独自の菓子パンに使用される中種は多少アレンジされており、「加糖中種」と呼ばれるものである。全使用量の70〜80％の小麦粉に水、イーストを加えるのは食パンのそれと変わりないが、加糖中種の場合は糖類の配合比率が高いので、その一部 (5〜10％程度) を中種に加える。これは、①中種中のイーストの活性を高めることで中種発酵の助成、②糖類を分割投入することでパン生地の濃度を段階的に高めてイースト活性の安定化、③生地物性の安定化 (生地のベタつきの軽減)、を目的としている。

　中種法は厳密に言えば発酵種法の一種であるが、発酵種法の代表格として、世界的に2大製法としてストレート法と並べて紹介されることが多い。

発酵種の種類と製法の特徴

　発酵種法には、先述の中種法の他、生地種、液種、自家製パン種、伝統的パン種と、種によって細分化された製法が存在する。ここでは、それぞれの種の特徴と製法について解説する。

■ 生地種

　本書における生地種とは、中種以外の生地種を意味する。一般的には全使用量の25〜40％の粉 (小麦粉以外の穀物粉も含む) に水、イースト、場合によって食塩を加えて生地種をつくり、12〜24時間発酵・熟成させる。それに残りの粉、水、イーストとその他の副材料も加えて、生地ミキシングによりパン生地を完成させる。低温長時間発酵の生地種を使用することで、発酵生成物や素材の風味ができ上がったパンに反映される。

生地種は主にハード系やセミハード系のパンに多用される。伝統的な生地種の代表的なものとして、ドイツのフォアタイク（Vorteig：前生地）が挙げられる。

■ 液種（ポーリッシュ）

もともとは19世紀のポーランドで生まれた、ドロドロとした液状のパン種。1900年代初頭に工業製品の生イーストが開発されたのを機に、1920年代にイーストを使用した液種がフランスで開発される。

液種は、全粉量の30〜40%の粉に同量の水と微量のイーストや食塩を加え、低温で12〜24時間発酵・熟成させてつくる。その液種に、残りの粉、水、イーストとその他の副材料も加えて、生地ミキシングによりパン生地を完成させる。低温長時間発酵の液種を使用することで、発酵生成物や素材の風味ができ上がったパンに反映される。また、パン生地の伸展性・伸長性が改善され、作業性も向上するというメリットもある。

20世紀以降は"急速活性（rapid activity）"や"超短時間発酵（instant fermentation）"を目的とした液種も開発された。それらはイーストを多量に使用し、30〜60分と常温短時間で種の発酵を完了させることを可能にした。この類の液種を使う目的は、単純に生地の発酵力並びに膨張力を求めるためであり、種の風味や香味はそれほど重視されていない。アメリカではスターター（Starter）、ドイツではアンザッツ（Ansatz）、イタリアではビーガ（Biga）と呼ばれる液種が使用され、それぞれドーナツ（Doughnuts）、クリスマス菓子のクリストシュトレン（Christstollen）、パネットーネ（Panettone）などに使用されている。

■ 自家製パン種

自家製パン種とは、果実、野菜などに付着している野生酵母や有効細菌群を自家培養してつくるパン種である。自家製パン種はつくり手の心情やこだわりが反映されるので支持者も少なくない。それは十分に理解できるが、確認もしくは検討すべき問題点がいくつかある。それらはパン種としての適性であり、

①種の安全性（病原性の有無）、②種の
発酵力（十分なガス発生力の確保）、③
種の風味の良否、などが最低限度の確
認事項となる。

　商品としてのパンに自家製パン種を使
用する場合は、なおさら、①、②、③の
点に留意して「美味しいパン」を提供し
て頂ければ幸いである。

自家製パン種の分類

自家製パン種
- 果実類
- 野菜類
- ヨーグルト
- その他（ホップなど）

【果実類】

　果実類の代表選手は、何と言っても「レーズン」である。その理由は、乾燥さ
せることで、①ブドウの表皮に浮遊している菌類をより多く表皮に付着できる、
その結果自家培養した時の乳酸菌による乳酸発酵や酵母によるアルコール発酵
が加速される、②水分の蒸発により糖質（ブドウ糖、果糖）の濃度が上がる、
③ブドウ粒が1/10〜1/20に収縮することで収納と取り扱いが簡便になる、など
の利点が挙げられる。リンゴも同様で、乾燥チップを使用する限りは多少の
過不足は認められるが、ほぼ同等の利点が得られる。一方、生の果実を使用
する場合は、概ねワインの醸造ペースと同じで、種起こしに多量の果実が必要
となり、時間もかかるという欠点がある。

　レーズンの歴史は古く、紀元前13世紀頃にはブドウの実を乾燥させてレーズ
ンをつくっていたとされる。ブドウは完熟した実を使用し、天日乾燥させること
によって自然の甘味が凝縮され、糖度40%に対し酸度1%と圧倒的に糖質の含
有量が多くなる。

　リンゴ栽培の歴史も古く紀元前数千年より行われていたと言われ、中央アジ
アの山岳地帯から西アジアの寒冷地が原産地とされる。ギリシャ時代には野生
種と栽培種が区別され、ローマ時代には原種のリンゴを記した文献も残されて
いる。現在、世界中には約1万種のリンゴがあり、国内産だけでも1000種類に
も及ぶ。リンゴはその風味の良さが評価されており、平均的なリンゴの糖度は
12〜14%、酸度は0.4〜0.5%と爽やかな甘味とすがすがしい酸味を感じさせる。

【野菜類】

　ここで言う野菜類とは主に葉ものであり、ハーブ類なども含まれる。培養の仕方で大抵のものは「種」にできるが、その種類によっては当然のことながら「種」としての優劣が生じる。葉ものの多くはハーブ類に代表されるように、香りは良いが発酵力に乏しく、安定性も悪いパン種となる傾向にある。

　なお、根菜類には枯草菌（註）や腐敗菌などが多く付着しているので、パン種に使用した場合、すえた匂いが強く、ドロドロとした種になりやすい。また、腐敗も早く、一般的にはお勧めできない。

（註）枯草菌（学名：Bacillus subtilis）は、グラム陽性・好気性のバチルス属細菌。一般的に病原性は示さないが、枯草菌を含めたバチルス属の細菌は、増殖に適さない環境下では休眠性が高く、極めて抵抗力の強い胞子（芽胞）をつくる。それらが食品に混入すると、しばしば腐敗菌同様、品質の劣化・低下などの問題を引き起こす。また、枯草菌の一種に「納豆菌」があるが、こちらは善玉菌であり、その特性を生かした「納豆製造」の立役者である。

【ヨーグルト】

　日本のヨーグルトは、牛乳や脱脂粉乳などに乳酸菌または酵母を加えて発酵させてつくる発酵乳と定義されている。また、一般市場に出回っているヨーグルトは、無脂乳固形分8.0％以上、1mℓあたり1000万以上の乳酸菌または酵母が活性していることが法令（乳等省令：厚生労働省）で義務付けられている。ただ、実際には1mℓあたり1億以上の活性化した乳酸菌が存在している。ゆえに発酵種にする場合、それらが短時間で乳酸発酵して乳酸を生成するので、種の酸性化が促進される。種のpHが4〜4.5になると酵母も活性化し、アルコール発酵も助成される。ヨーグルトで起こした種は発酵力が強く安定しているので、リーンなパンからリッチなパンまで汎用性は広く、幅広いユーザーに重宝されている。

　ヨーグルトは人類が哺乳動物を飼い馴らし、初めてその乳を飲んだ頃とほぼ同時期に生まれた最古の乳製品とされている。当時は動物の皮袋などに詰めていた乳が、数時間も経つとドロッとした状態のものに変化したのがヨーグルトのはじまりのようだ。これは乳酸菌が乳糖を分解することで生成された乳酸によっ

て乳タンパクが酸凝固したからである。ちなみにヨーグルト（yogurt：英語）の語源はヨウルト（yoǧurt：トルコ語）で、意味は「撹拌すること」である。

【ホップ】

　ホップはビールの原料の一つで、ビール醸造の工程では麦汁にホップを加えて煮込むことで、ビールに独特の苦味や香りを与える。ホップがビールに投入されるようになったのは、15世紀頃のヨーロッパと言われている。一般的な「ホップ種」はホップの煮汁に菌体や培地としてのジャガイモ、小麦、リンゴなどを加えてつくられる。種にジャガイモを加えるのが特徴の一つ。発酵力が強く、自家製パン種には効果抜群の素材である。ただ、ジャガイモを筆頭に根菜類は押しなべて灰汁が強く、腐敗しやすいという欠点がある。これは、根菜類の多くが地中に埋まっているので、枯草菌、腐敗菌などが多く付着しているためである。

　ホップ種の場合は、ホップに含まれる抗菌作用成分が培養中に腐敗菌などの増殖を防ぐので、パン種として有効となる。すなわちホップとジャガイモの相性の良さと言うべきか。ホップ種を用いたパンの特徴は、ホップ特有のほど良い苦味・香味が反映されたものとなる。

■ 伝統的パン種

　長いものでは数千年、短いものでも数百年の歴史を持つパン種。その多くは野生酵母や細菌類によって、発酵培地となる穀物や果実を分解して「種」にする。まずは加水分解や酵素などによって、穀物の胚乳部に多く含まれるデンプンや果肉に含まれる糖質をブドウ糖や果糖に解糖する。その後、酵母、乳酸菌、酢酸菌などによって、それぞれにアルコール発酵、乳酸発酵、酢酸発酵した結果、

伝統的パン種の分類

伝統的パン種
- 酒種
- 老麺
- パネットーネ種
- サンフランシスコサワー種
- ライサワー種
- ルバン種
- ビール種・ワイン種

炭酸ガスや有機酸を多く含んだ熟成種が完成する。この種に、小麦粉や他の穀物粉、水そして塩を練り込んで生地をつくり、その生地を窯で熱したら生地がふっくらとして焼き上がった。まさに「発酵パン誕生」の瞬間である。本書ではこれらの「種」はすべて「伝統的パン種」と分類する。

【酒種】

酒種はJapan madeのパン種。日本酒の「醪」に小麦粉を加えて、パン用の「種」となったのは江戸時代末期のこと。明治時代の初頭には日本オリジナルの「酒種あんパン」が東京・銀座に登場したのは周知の通りである。米・麹・水から清酒をつくりはじめたのが飛鳥時代、そして清酒の醸造技術が確立したのが平安時代である。今で言うところの清酒の醸造過程で生まれる醪のような「濁り酒」から「諸白（透明度の高い酒）」を取り、残った「搾りかす」から「酒種」ができた。その酒種を使って「酒（蒸し）饅頭」が登場したのは鎌倉時代中期とされている。

【老麺】

「老麺」とは別名「老酵」とも呼ばれ、それぞれ「老いた小麦粉」「老いた種」の意味で使われている。中国の伝統的な発酵種の一種であるが、その起源と語源は定かではない。

数千年前の古代中国に酒は当然のことながら存在したが、文献上の初見は後漢の末期（紀元2世紀）に崔寔の著、「四民月令」と呼ばれる後漢時代の年中行事記に「煮餅や小麦を碾で挽いて麹をつくる」とある。その後、北魏の末（紀元6世紀）に賈思勰によって、農書として編集された「齊民要術」では、煮餅や小麦に麹と塩を加えた「穀醤」による醸酒法が確立されている。穀醤とは日本で言うところの醤油づくりの「醤」や清酒づくりから生まれた「醪」のことである。また、穀醤から派生した中国の「酒溲餅」は、醪から派生した日本の「酒種」の原点とも言えるものである。

一方で、酒溲餅に対して小麦粉に水を加えてつくる「水溲餅」と呼ばれる小麦餅や水餅のようなものがある。文献では詳しく記載されていないが、筆者の希望的観測ではこの水溲餅が老麺の起源ではないだろうかと推察する。なぜな

らばフランスの「ルバン種」同様に、小麦粉と水だけの生地に乳酸菌や酵母が宿り、自然発酵することで「種」が誕生するからである。こちらの方が「生化学」や「発酵」に携わる者としては納得がいく。「老麺」や「老酵」という字義からしても水洗餅原点説を支持したい。

　最後になるが、起源はともかく、今日の中国でも老麺は、饅頭や包子の生地に発酵風味添加と膨張源を目的として多用されている。

【パネットーネ種】

　数百年の歴史を持つとされるパネットーネ（Panettone）やパンドーロ（Pandoro）はイタリアを代表するクリスマスの発酵菓子。それらの母種となる「パネットーネ種」も古くから存在したようである。ミラノ大学農学部のロベルト・フォスキーノ（Robert Foschino）教授によれば、「もともとは秋に収穫される果実で糖分が高く酸味のある、ブドウ、リンゴ、イチジク、オレンジなどを皮ごと砕いたものに小麦粉を混ぜて種を起こした。また、それらに加えて、ワインをつくる際のブドウ皮などのかすも使われたらしい。果物の皮も一緒に混ぜることで酵母を取っていたのだろう」。

　その他、馬の腸内にいる乳酸菌を馬糞からとって種を起こしたという説や、子牛の胃袋に小麦粉を入れて種を起こしたという説もあるが、その真偽は謎である。

【サンフランシスコサワー種】

　イタリア生まれの「パネットーネ」が海を渡る。1876年以降、イタリア出身者が南米やアメリカへ数多く移住した。イタリア移民の話は日本でもアニメの「母をたずねて三千里」でお馴染みだが、原作はイタリア人のエドモンド・デ・アミーチスの長編小説『クオーレ（心）』（1886）の挿話の一つ。アルゼンチンやブラジルに移住したイタリア移民はパネットーネを原型のまま伝搬したが、アメリカに移住したイタリア移民の場合は少々事情が異なった。サンフランシスコ地方を中心に定住した彼らは、ピザ生地やピタパンのようなリーンな食事用のパン生地にパネットーネの「母種」を使用して「パン種」を起こした。それがのちのサンフランシスコサワー種となった。今日のサンフランシスコを中心としたアメリカ西海

岸では、サンフランシスコサワー種を使って焼いたバゲットやパリジャン、パン・ド・カンパーニュなどは根強い人気がある。酸味の効いた噛み応えのあるパンは、フィッシャーマンズワーフの名物料理であるクラムチャウダーや煮込み料理などとの相性が抜群である。

【ライサワー種】

　ドイツ生まれのサワー種は伝統的にライ麦粉と水からつくる。「起こし種」→「種継ぎ」→「仕上げ種」と段階的にパン種を発酵・熟成させる。ドイツ語では「ザワータイク（Sauerteig）」と呼ばれ、サワー生地（酸生地）という意味だ。乳酸菌による乳酸発酵で生成される乳酸が種のpHを4.0前後まで下げるので、カビが生えにくく、種の中の酵母を活性化させる。

　また、ライ麦にはペントザンが約8％含まれるが、その中で約40％を占める可溶性のペントザンが水に溶解してコロイドとなり、その後、それらのコロイドが水を吸収しながら凝集することでゲル化する。ライ麦パンのしっとりとして噛み応えのある独特の食感は、サワー種が持つ特殊な粘性によるものである。

【ルバン種】

　フランスで「ルバン（Levain）」は「種」の総称。自家製パン種は、厳密に言えば「Levain naturel（ルバン・ナチュレル）」であろう。1993年に発令、1997年に改訂された「パンの法令」によれば、例えば「パン・オ・ルバン（Pain au levain）」（発酵種を使用したパン）の項を簡単に要約すれば、以下のように規定されている。①「パン」のpHは4.3以下、パンクラムの酢酸濃度は900ppm以上であること、②「種」の原料は小麦粉、ライ麦粉、または小麦粉とライ麦粉の混合に水と食塩（オプション）とする、③工業製のイーストを添加する場合は対粉0.2％以下とする、などである。ちなみにフランスでは2016年以降すべての官報はウェブサイト「レジフランス（Légifrance）」で閲覧できるので、今回の「パンの法令」部分はホームページアドレスを参照とする。

https://www.legifrance.gouv.fr/loda/id/JORFTEXT000000727617

【ビール種・ワイン種】

　ビールとワインの醸造は歴史的にも古く、少なくとも数千年前には飲料として存在した。4大文明が栄えたメソポタミア、エジプト、中国をはじめ、今で言うところの西アジア、中東、中近東諸国でも同様にビールやワインが醸造された。当然のことながら、ビールやワインを醸造した最終工程で残存する「搾りかす」に、小麦粉などの穀物粉を加えて「パン種」をつくったのは容易に想像できる話である。エジプト、ギリシャ、ローマ時代を経て中世ヨーロッパで確立された「発酵パン」が進化した背景にはビール種とワイン種の多大な功績があったことは言うまでもない。

種入れぬパンの存在

　ここで、聖書の中のパンについて少し触れよう。

　キリスト教の聖書には「旧約聖書」と「新約聖書」の2つがある。旧約聖書はイエスキリストが生まれる以前の人々と神（ヤハウェ）との契約を中心とした物語である。一方、新約聖書はイエスキリスト誕生後、イエスキリストを媒体とした新たな人々と神の契約が中心の物語となる。ここで大事なことは「タナハ」と呼ばれるユダヤ教のヘブライ語の聖典が、旧約聖書（キリスト教聖書）とほぼ同一内容で共有されているということ。前置きが長くなったが、旧約聖書には「ワイン」と「パン」がどちらも数多く登場する。さらに興味をそそるのが、「創世記」の後を受けた「出エジプト記」の中でたびたび表現される「種入れぬパン」や「上質の小麦粉で焼いたパン」の存在である。場面はエジプト、ファラオの時代（紀元前13世紀頃）、モーセが虐げられていたヘブライ人（ユダヤ人）をエジプトから脱出させる物語の中で、モーセは「種を入れたパンを食べてはならない」と糾弾している。その理由は当時、エジプト人から迫害されていたヘブライ人はエジプト文化の象徴とも言える「ビール」と「発酵パン」を否定し、自らの文化のタブーとしたのではないかと筆者は推測する。今日でも多くの人々が宗教上の戒律や倫理観のもとに「無発酵パン」を食するのは、そのあたりに理由があるのではないだろうか。

もう一つ、無発酵パンを食する理由として、地域と食文化の関係が考えられる。現在でも中央アジアから西アジア一帯（インド、パキスタン、アフガニスタン、イラン）では「チャパティー」、中東ではイラクの「タンナワー」、シリアの「フブス」、トルコの「ユフカ」、中近東ではイスラエルの「マッツア」などが常食されている。これらの無発酵パンはすなわち「種入れぬパン」や「上質の小麦粉で焼いたパン」の流れを汲むものだが、一様に薄くて平べったい円形のパンである。これらの国々の気候や風土を考えると、主となる副菜は肉類、豆類、野菜類を煮込んだ料理やじっくりと焼き込んだ料理が多く、それらを食するには薄くて平べったいパンの方が、これらの料理を巻いたり、挟んだりしやすいという利点がある。

　いわゆる食品間の相互物性の関係であり、平たく言えば「食品の簡便性」や「食べやすさ」のことである。小麦以外の穀物粉で焼いた無発酵パンは、薄くても煎餅のように硬い。小麦粉の場合は水と練り合わせると生地中にグルテンが形成されるので、比較的柔らかい薄焼きパンに焼き上がる。時間が経って硬くなっても、霧吹きや打ち水をして布などでしばらく包んでおくと、パンは再びしんなりとする。ここに雨量の少ない亜熱帯地方の「おかず」と「上質の小麦粉で焼いたパン」のコラボレーションが実現する。

無発酵平焼きパンと発酵平焼きパン

古くて新しい発酵種

　工業用イーストが開発されるまでは、発酵種はまさしく「発酵の酛」であり、それがなければパン生地は膨らまなかったわけである。いわばパンにはなくてはならない必須の発酵源であった。その後、工業用イーストの発達とともに、パンの製造時間の短縮と量産化が可能となる。加えて製造工程も簡略化され、20世紀はまさにイーストによる製パン時代となり、発酵種は特殊なパン製造以外は姿を見せなくなる。

　しかし、20世後半に入ると、発酵種が世界的に見直されるようになる。というのは、工業用イーストを使用したパンだけではパンの風味や香味が画一化・均一化するという現象にベーカリーが気付きはじめたからだ。パンの区別化・差別化が難しくなってきて、それがビジネスに影を落としはじめていた時期でもある。そこで脚光を浴びたのが、イーストと発酵種を併用する製法。ベーカリーはヨーロッパタイプのリーンなパンを中心に、イーストと発酵種を併用してより微妙な風味や食感を加味したパンを焼きはじめた。

　日本でも1980年代に入ると徐々にヨーロッパタイプのリーンな食事向けのパンが町のベーカリーを中心に焼かれるようになる。2000年に入るとアメリカでは都市圏を中心に、本格的なパンを焼くアルチザン・ベーカリー（artisan bakery：職人気質のパン屋）が台頭してくる。当時欧米や日本で着目されたのが、形を変えた進化形の「発酵種」である。それから20年足らず、現在ではさまざまな形で発酵種の有効利用が試されている。

　「古くて新しい発酵種」は筆者の造語だが、その意味は20世紀に一度は忘れ去られそうになった発酵種の存在が、21世紀の今日に蘇ったということ。これは、①液体培養種の技術開発、②発酵種の乾燥と保存技術の進化、③果実・ドライフルーツや野菜・ドライベジタブルなどの菌体源の再利用などの技術革新によるところが大きい。

　現代における発酵種の利用法は、「伝統的パン種」として使用する場合と、工業的に培養されたイーストと「自家製パン種」を併用する場合に大別される。前者は相変わらず製造に長時間かかるが、伝統製法に則った技法ゆえの、得も

言えぬパンの香りや味わいと食感を得ることができる。後者は、イーストの使用量を少なめに制限することで、発酵種によるパンの食感と風味の変化を求めることができる。また、イーストを通常通り配合して、発酵種を風味調味料として使用することも可能だ。ボリュームがあり、比較的自然な風味のパンとなる。

　以上、「古くて新しい発酵種」を簡単にご説明したが、自家製パン種は安定性が悪いので、種の状態を把握して、特に「種の腐敗」に注意して使用すること。また、国内外のメーカーから酵母や乳酸菌を主としたオリジナルの発酵種や発酵調味料が発売されているので、目的に応じて使用するのも良いだろう。

工程の組み立て

生地作成 → 生地管理 → 焼成の3つのステージ

　「工程の組み立て」とは、製法を決定した後、実際のパンづくりの具体的な作業、ミキシングにはじまり焼成に至るまでのパンづくりの工程（プロセス）を構築することである。この「工程の組み立て」の多くは、過去の経験則からはじき出される。つまり「あの時のこの種類のパンが良かったから、次からはこうしよう！」というようなケースbyケースの対応となる。極端に言えば100種類のパンがあれば、100通りのパン製法と100パターンの工程の組み立てが必要となるが、実際にはタイプが重複するパンも数多くあるので、それぞれ10通り、10パターン程度に絞り込める。設備についても「あるものを使う」ことを前提に、それぞれの能力や癖を把握して設備by設備の対応を行う。例えば、オーブンの機能や容量が違えば、まったく同じパンを同数ずつ焼いたとしても、焼成時間や焼き上がりの状態はおのずと変化する。

　現在、生産工場の工程管理のマニュアル化も多様で、量産型の大工場のそれは細分化が進んでおり、コンピューター管理のもとにある程度訓練を受けた者であれば対応できる仕組みになっている。一方、リテイルベーカリーや個人店では、大まかなマニュアルがあればことが足りる。なぜなら、熟練した技術

者やベテランの職人は、自身の経験と感性（五感）の判断で処理することが多く、細分化された工程管理のマニュアルは必要ないからである。

　パンづくりの工程管理で重要なのは、最新設備を擁する工場で製造する場合も、熟練した技術者がつくる場合も、生地の状態を総合的に診断する「目利き」である。「視診」によってパン生地のボリュームや色相を、「触診」によってパン生地の発酵状態を、「嗅覚や味覚」によってパン生地の風味や香味を判断することが最も重要な仕事となる。つまり、パンもご多分に漏れず「食品」であるかぎり、最終的に味、香り、食感など人の五感に訴えかける部分で最も評価されるからである。

　「工程の組み立て」は大別すると以下の3つのステージから構成される。また、それぞれのステージは複数のステップを時系列に実行することにより完了する。各ステージを継続することでプロセス（ステップ＜ステージ＜プロセス）が完結すると考える。以下、ストレート法の工程管理表をもとに具体的に話を進める。

■第1ステージ：生地作成（ミキシング：小麦粉からパン生地へ）

　慎重に選別された材料・素材をこねる、打つ、揉むなどの物理的な力を介して「パン生地」という名の有機化合物を合成すること。

■第2ステージ：生地管理（パン生地の育成）

　最終製品の「パン」にすべく、パン生地の発酵をコントロールしながら、適切な処置（作業）を施すこと。

■第3ステージ：焼成（パンの誕生）

　生のパン生地を焼成によって加熱して、最終製品の「パン」に加工すること。

製法によって異なるパンづくりの工程

　下の4つの図は、各製法の工程表である。四角で囲んでいるのは作業名、丸で囲んで網掛けしているのは生地発酵並びにその慣用名となっている。作業とは生地分割・丸め・成形などを指し、基本的にパンチ（ガス抜き）を行った後に、それぞれの生地に適度な緊張を持たすことである。その際、特に生地表面の状態が適度な湿感と滑らかな状態を保つことに留意する。生地表面に荒れや損傷が見られると、のちに発酵障害の遠因になることがあるので注意する。

　ストレート法の場合、もちろんパンの種類にもよるが、パンが完成するまでの平均所要時間は早くて2〜3時間、遅くて5〜6時間を要する。ここで考えたいのはそれらの所要時間の割合である。ミキシングと焼成時間を割愛すると、作業時間：発酵時間＝1：3〜4程度となる。これを分析すると、パンづくりは生地発酵に少なくとも7〜8割の時間を要し、実際の作業は2〜3割程度ということ

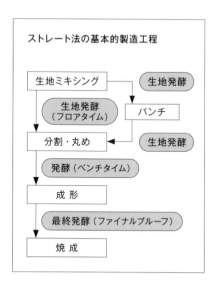

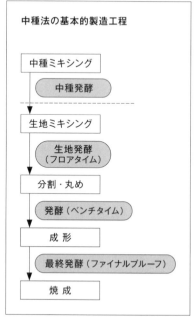

になる。

　ここで何が言いたいかといえば、パンづくりは生地の発酵管理が非常に重要な要因となるということ。大抵の場合は作業が終われば、生地をドウ・コンディショナー（発酵機器）に入れて発酵・膨張させる。しかし、単に時間が経てばそこから生地を取り出して、次の作業に移ればよいというものではない。生地が健全に発酵・膨張しているかを途中何度か確認する必要がある。その「面倒見の良さ」がパンの出来不出来を左右することが多々あるからこそ、パン職人の「目利き」や技術者の「所見」がパンの命運を握っていると言っても過言ではない。

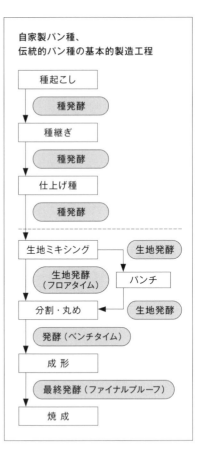

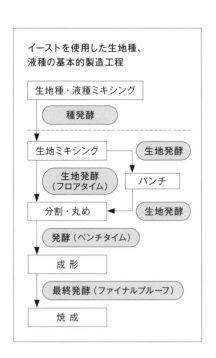

パンづくりはスクラップ＆ビルド

　「スクラップ＆ビルド（Scrap & Build）」とは、1960年代後半から70年代初頭にかけてアメリカで開発されたマーケティング戦略である。多数の店舗をチェーン展開する場合に同じ商圏の中の不採算店舗を閉店（スクラップ）し、新規に出店（ビルド）することで利益率の悪化を改善し、販売シェアの拡大を図るという方法である。今日の日本でも、解体と構築を繰り返しながら展開していくという意味合いで幅広く使用されるようになったが、パンづくりもまさにスクラップ＆ビルドと言えよう。

　28頁の図「ストレート法の基本的製造工程」の第2ステージ（パン生地の発酵と作業管理）を見て頂くと、（生地発酵：B）→［パンチ：S］→（生地発酵：B）→［分割・丸め：S］→（発酵／ベンチタイム：B）→［成形：S］→（最終発酵／ファイナルプルーフ：B）となっており、「スクラップ：S」と「ビルド：B」が交互に行われている。すなわち、生地の発酵が進むと、生地中のガス発生とともに生地も膨張する（ビルド：B）。ある程度十分に生地が膨張すると、グルテンの緊張が緩和され、弾性や抗張力が弱まる。生地に弾性や抗張力が多少残っているうちに次の作業（分割・丸め、成形など）へ移るが、基本的に作業は生地に負荷をかけ、ガスを抜くものである（スクラップ：S）。生地に負荷をかけることでグルテンが緊張し、生地の弾性や抗張力が強まる。そして再びその生地を膨張させることにより、グルテンの緊張が緩和される。パンづくりはこれの繰り返しで、基本的に作業でグルテンを緊張させ、発酵・膨張でグルテンを弛緩させる。生地が膨張（B）したら、内部のガスを抜いて作業

（S）するといった連続工程となる。この目的は適切な状態にある生地物性と生地膨張を段階的に積み上げて、「焼成」によってパン生地からパンに焼き上げることである。以上が、「パンづくりのスクラップ＆ビルド」であり、そのシステムの概要である。

製パン工程（Baking process）

パンづくりの手順を工程（プロセス）と呼ぶが、これは実際の作業の名称とそれらの作業と作業の間の時間の経緯を示す名称に分けられる。この項では、「ストレート法」と「中種法」を例にとり、中種やパン生地のミキシングから焼成までの工程を順に追って簡単に説明する。

■ 中種ミキシング（Sponge mixing）

全粉量の50〜100％と水、イーストを合わせてミキシングし、中種を完成させる。通常は材料が混ざり、生地がまとまる程度のミキシングで十分とする。中種法の場合、原則としてイーストは中種に投入する。中種に使用する粉の割合が多ければ多いほど、パンの風味が増加し、パンの硬化・老化が遅延する傾向にある。また、パンのボリュームと柔らかい食感を求めやすい。

■ 中種発酵（Sponge fermentation）

「中種発酵」とは、中種を十分に発酵・熟成させて、生地を適度に膨張させるのに要する時間。イーストのアルコール発酵を促進させ、炭酸ガス、エタノール、有機酸（乳酸、酢酸、クエン酸など）などを生成する。炭酸ガスは種や生地の膨張源となり、芳香性のエタノールや有機酸はパンの風味・香味となる。

■ 生地ミキシング（Dough mixing）

「生地ミキシング」とは、製造するパンに応じて、適正なパン生地にこね上げること。パンの種類の違いや製法と配合などを考慮して、適切なミキシングをする必要がある。ストレート法の場合は、すべての材料をミキサーに投入し、一

度のミキシングで生地を完成させる。中種法の場合は、発酵を終えた中種に残りの材料を投入し、再度のミキシングで生地を完成させる2段階方式である。

■ 生地発酵 (Floor time／Dough fermentation)

ミキシングにより完成したパン生地を適正に発酵・膨張させる時間を指す。生地中のイーストがアルコール発酵することで生成された炭酸ガスが生地内に保持される。生地中の炭酸ガスが増加すればするほどパン生地が膨張するので、この現象をもって製パン上「生地発酵」と呼ぶ。通常、中種生地の場合は30〜40分、ストレート生地の場合は1〜3時間が生地発酵の目安となる。また、「生地発酵」を一般に「フロアタイム」と呼ぶのはその昔、パン生地のこね桶や発酵桶が床（floor：フロア）に置いてあったことに由来する。

■ パンチ（ガス抜き）(Punch)

「パンチ」とは、膨張した生地を叩いたり押さえたりして生地中に生成したガスを抜き、生地を折りたたんで発酵容器に戻し、再び生地を発酵させる作業のこと。パンチは原則的にストレート法の生地発酵時に行われるが、行われない場合もあり、その場合は「No punch（ノーパンチ）」と呼ぶ。パンチの目的は主に、①生地内の炭酸ガスを放出し、新たに酸素を取り込むことでイーストの活性化を図る、②生地の膨張により弛緩したグルテン組織に物理的な刺激を与えることでグルテン組織の緊張強化を図る、ことである。

パンチを行う場合には、その生地の特性や状態に応じて、パンチの強弱や方法を調整する必要がある。また、パンチ前後の生地発酵の呼称を「1次発酵、2次発酵」や「前発酵、後発酵」と区別する場合もあるが、本書では「生地発酵」で統一した呼称とする。

■ 分割・丸め (Dividing & Molding)

「分割」とは、発酵を終えた生地を一定の重量に取り（切り）分けること。通常、分割した生地は直後に「丸め」をして取り板などに並べられる。丸めとは、分割

した生地を表面に緊張を持たせた状態で球状に加工する作業を指す。球状にする理由は、①作業が迅速かつほぼ同じ形状にできる、②球状は成形時の汎用性が高く、いろいろな形に加工できる、からである。また、丸めはその生地の個性や状態に応じて、作業の強弱や形状（球形、なまこ形など）を調整する必要がある。

■ ベンチタイム (Bench time／Dough fermentation)

「ベンチタイム」とは、丸めを終えた生地の緊張を緩和して、生地の伸展性・伸長性を回復させる時間を指す。丸め直後の生地はグルテン組織が緊張して弾力や抗張力が強く、成形できない。しばらく生地を休ませることでグルテン組織が弛緩し、生地の伸展性・伸長性が回復するので、「成形」が可能となる。実際はベンチタイム中にも生地は一回りほど大きくなっており、それは生地が発酵・膨張したことを示している。その昔、分割して丸めた生地を作業台 (bench：ベンチ) の傍らで休ませてから成形していたことから、パン生地の丸めから成形までの時間のことを「ベンチタイム」と呼ぶようになった。

■ 成形 (Make-up)

「成形」とは、ベンチタイムを終えた生地をいろいろな形に加工すること。球状、楕円球状、棒状、板状、包みものなどが一般的であるが、最終製品であるパンの形状を考慮して形の選定をしなければならない。また、成形した生地はオーブンプレートに並べるかパン型に詰められるが、直焼きパン（窯床に直接パンを置いて焼く方法）の場合は、成形した生地を布取りするか発酵かごなどに入れて「最終発酵」をとる。

■ 最終発酵 (Final proof)

「最終発酵」とは、成形を終えた生地を発酵させる時間のこと。ここでは焼成直前の生地が十分に発酵・膨張している必要があるので、より正確な生地の発酵状態の見極めが重要となる。例えば、最終発酵が未熟の生地は焼成中に

窯伸びせず、ボリュームに欠けたパンとなる。また、パン生地の密度も高くなり、クラム部分の火通りが悪くなるので、パンの食感も重たく感じるようになる。

　一方、発酵過多の生地は焼成中にボリュームが出過ぎてパンの形が乱れる傾向がある。さらに、保形物性の限界を超えた発酵過多の生地は、焼成前にガス保持力を喪失することでガス漏れを招き、パンがしぼむことがある。これをパンが「ダウン（down）」すると表現している。

■ 焼成（Baking）

　「焼成」とは、最終発酵を終えた生地をオーブン庫内に入れ、一定時間加熱することでパンに焼き上げる作業のこと。焼成温度と時間の設定は、パン生地（重量や形状）やオーブンの種類によって変化する。

配合の決定

生地の増減にも対応可能な「ベーカーズ・パーセント」

　「工程の組み立て」が終われば、次に「目標とするパン」に使用する材料とその分量を決定しなければならない。それを「配合の決定」と呼び、「ベーカーズ・パーセント（Baker's percentage）」で表記する。ベーカーズ・パーセントは1世紀ほど前にアメリカで発案され、今日では国際的な配合表記法である。普通百分率（％）で配合表記すれば、生地総量を100％と考えるが、ベーカーズ・

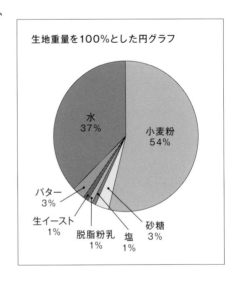

生地重量を100％とした円グラフ

小麦粉
54％

水
37％

バター
3％

生イースト
1％

脱脂粉乳
1％

塩
1％

砂糖
3％

パーセントは使用する小麦粉はじめ他の穀物粉（粉類）の総量を100％とする。そして、その他の材料（イースト、塩、水など）は粉類100％に対して、それぞれが何％になるかを表記する。そのため、総パン生地比率は当然100％を超えて200％前後になる。総パン生地比率が200％の場合、パン生地重量は粉類の200％／100％＝2倍ということになる。

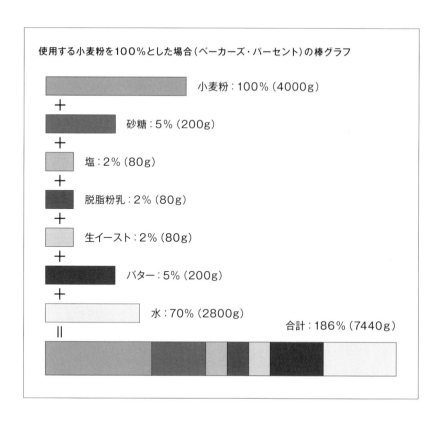

使用する小麦粉を100％とした場合（ベーカーズ・パーセント）の棒グラフ

小麦粉：100％（4000g）
＋
砂糖：5％（200g）
＋
塩：2％（80g）
＋
脱脂粉乳：2％（80g）
＋
生イースト：2％（80g）
＋
バター：5％（200g）
＋
水：70％（2800g）
＝
合計：186％（7440g）

ベーカーズ・パーセントの最も重要なことは、配合を割合・比率で表記することで、重量が変化（生地が増減）しても1枚の配合表で対応できる点である。粉類の重量さえ把握しておけば、あとは簡単な掛け算さえできれば、生地量の変化に簡単に対応できる。また、ベーカーズ・パーセントは一定の法則に基づいた表記に沿って各材料比率と重量を簡単に算出することができる。簡潔で合理的な配合表を作成することができるのがベーカーズ・パーセントの最大の魅力であり、画期的なアイデアであったと評価できる。余談ではあるが、事実、アメリカのベーカリー業界ではベーカーズ・パーセントの登場以来、「処方／調理法（recipe）」と呼ばずに「配合（formula／formulation）」と呼ぶようになったらしい。

　以下、一例としてストレート法による「ローフ・ブレッド（山形タイプ）」と中種法による「ローフ・ブレッド（角形タイプ）」の配合表を紹介する。

ローフ・ブレッド（山形タイプ）の配合表（ストレート法）

生地材料の分量

材料	小麦粉使用全量に対する割合	重量（計算式）
小麦粉A	80.0%	3200g（4000g×80%/100%）
小麦粉B	20.0%	800g（4000g×20%/100%）
食塩	2.0%	80g（4000g×20%/100%）
脱脂粉乳	3.0%	120g（4000g×30%/100%）
インスタント・イースト	0.6%	24g（4000g×0.6%/100%）
ラード	3.0%	120g（4000g×3%/100%）
モルトエキス	0.3%	12g（4000g×0.3%/100%）
水	70.0%	2800g（4000g×70%/100%）
生地総量	178.9%	7156g（4000g×178.9%/100%）

ローフ・ブレッド（角形タイプ）の配合表（中種法）

中種の分量

材料	小麦粉使用全量に対する割合	重量（計算式）
小麦粉	70.0%	2800g（4000g×70%/100%）
生イースト	2.0%	80g（4000g×2%/100%）
水	45.0%	1800g（4000g×45%/100%）

中種に加える、本ごねの分量

材料	小麦粉使用全量に対する割合	重量（計算式）
小麦粉	30.0%	1200g（4000g×30%/100%）
砂糖	5.0%	200g（4000g×5%/100%）
食塩	2.0%	80g（4000g×2%/100%）
脱脂粉乳	2.0%	80g（4000g×2%/100%）
バター	5.0%	200g（4000g×5%/100%）
水	25.0%	1000g（4000g×25%/100%）
生地総量	186.0%	7440g（4000g×186%/100%）

「ソフトでリッチなパン」と「ハードでリーンなパン」

　さて、「配合の決定」に話は戻るが、これは「目標とするパン」の設定でも述べたが、「風味」「香味」「食感」といったパンの官能評価と、パン生地の「発酵状態」や「生地物性」の評価が中心となって組み立てられるべき部分である。たとえば、「柔らかい（ソフトな）食感の食パン」を設定した場合、パンの食感に直接的に影響を与える要因としては、「小麦粉の種類とブレンド比率」「加水量」「油脂の添加量」などが頭に浮かぶ。問題は、どのような粉を使い、どの程度「加水」「油脂の添加」をして、どのような工程にすれば食パンが柔らかくなるのか、ということである。「目標とするパン」を具現化するのは、主につくり手が持つパンの官能評価とパンの製造技術から導かれる経験則であると考えられる。要するに「官能（五感）」と「技術」のフュージョンと言える。

パンにもいろいろな個性と種類があるが、配合上では「ソフトなパン」と「ハードなパン」、「リッチなパン」と「リーンなパン」に大別される。「ソフト（soft）」とは触感・食感ともに柔らかいパンを指し、「ハード（hard）」は硬いパンを指すが、ここで言うハードとはどちらかと言えば、噛み応えのあるパンであろう。一方、「リッチ（rich）」とは「豊富な」という意味で、パンをつくる時に使用される材料の種類と量が「豊富」であることを示し、「リーン（lean）」とは「簡素な」という意味で、パンをつくる時に使用される材料の種類と量が「簡素」であることを示す。一般的に、ソフトなパンはリッチであり、ハードなパンはリーンであると言える。

　ソフト＆リッチなパンの代表格としては、菓子パン、ドーナツ、ブリオッシュなど。一方、ハード＆リーンなパンの代表格はバゲット、パン・オ・ルバンなど一般的にフランスパンと呼ばれているものや、ドイツのライ・ブレッドなどである。通常、ソフト＆リッチとハード＆リーンのパンは相関しており、分類上の位置付けは対極となる。また、食パン類に関してはソフト＆リッチとハード＆リーンの中庸的存在として位置付けされている。

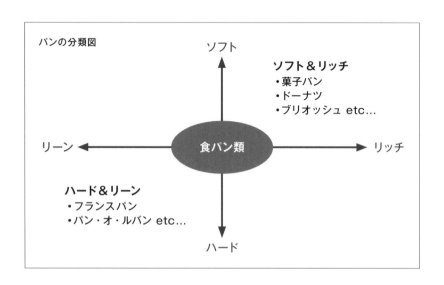

調理、菓子、パンの材料・素材の種類

　あくまでもイメージ上であるが、「調理は数千」
「製菓は数百」「製パンは数十」と筆者は認識して
いることがある。これは世界中に派生した料理、
菓子、パンの加工に必要な材料・素材の種類の
概算である。さらに基本的・日常的なものとなると、
間違いなくそれぞれに桁が一つ減る。すなわち調

理は数百種、菓子は数十種、パンであれば数種でことは足りるという計算である。

パンの分類

　今日、市場に流通しているパンを観察して、それらのパンづくりに必要な材料の性質を分析すると、以下の4種類に分類される。

❶ 4つの基礎材料（小麦粉、パン用酵母／イースト、水、食塩）
　（例：フランスパン、パン・オ・ルバンなど）

❷ ①＋4つの副材料（糖類、乳製品、油脂、卵）
　（例：食パン、バターロールなど）

❸ ②＋その他の練り込み材料（ドライフルーツ、ナッツなど）
　（例：レーズン・バンズ、ウォルナッツ・ブレッドなど）

❹ ③＋フィリングやトッピング（ジャム、クリーム、アイシングなど）
　（例：ジャムパン、クリームパン、ドーナツなど）

　上記のパンを注視すると①から④に変化するに従って、材料がリーンからよりリッチに移行していることがわかる。これはパンの発展史そのもので、数千年前から現代に至るまでのパンの進化を示しているとも言える。歴史的に見て、新たな素材や材料が発見もしくは開発され、それらをパンに加えることで、パンは大きく変化してきた。当然、パンづくりの技術革新もそのつど行われてきたのは言うまでもない。古代エジプトのガレット（平焼きパン）から今日我々が食しているパンにたどり着くまで、前述したように数千年もかかったわけである。

急激に進化したのは1800年代、ヨーロッパで製粉の工業化とパン用酵母の培養に成功をおさめて以来のこと。数千年以上の歴史を持つパンであるが、抜本的な技術革新がもたらされたのはここ200年足らずのことである。

4つの基礎材料

　一般的なパンの製造になくてはならない基礎材料は小麦粉、パン用酵母（イースト）、水、食塩の4つと考える。これらは発酵食品としてのパンが成立する上で、必要不可欠なものである。要するにこの4つの基礎材料があれば、現代においても食して十分に美味しいと感じるパンを焼き上げることができる。例えば、フランスパンなどがその代表例だ。

【小麦粉】

　タンパク質や糖質、ビタミンやミネラルなどは貴重な栄養源である。また、タンパク質は「パンの骨格」となり、糖質（デンプン）は「パンの身」となる。

【パン用酵母（イースト）】

　アルコール発酵によって生じるエタノールや有機酸が、パンに風味・香味を供給するとともに、炭酸ガスがパン生地の貴重な膨張源となる。

【水】

　貴重な水分の供給源で、それぞれの材料の溶解や結着剤となる。

【食塩】

　パンにほど良い塩味を供給するとともに、パン生地中のグルテンを強化することでパンの骨格維持力を向上させる。

4つの副材料

　4つの基礎材料に加えて、パンをより魅力的・個性的にするための材料として、特に主だったものに糖類、乳製品、油脂、卵の4つが考えられる。これらの副材料はパンに変化をもたらし、ハード＆リーンなパンからソフト＆リッチなパンまで、パンの種類を効果的に増加することができる。また、副材料を添加することで、パンの栄養価の向上を図ることが可能となる。

【糖類】

　パンに甘味を供給するとともに、パン用酵母の栄養源となる。また、パンのクラストカラーも改善できる。

【乳製品】

　パンに乳製品独特のコクを供給するとともに、その他の材料には含まれない必須アミノ酸の一つ「リジン」の供給源となる。また、パンのクラストカラーも改善できる。

【油脂】

　パンに油脂独特のコクを供給するとともに、パンをソフトにする。また、焼き上がったパンの硬化を遅らせることができる。

【卵】

　卵黄が持つ独特のコクを供給するとともに、卵白に含まれるタンパク質の熱凝固によって、パンの骨格を強化することができる。また、卵黄に含まれる「レシチン」は生地中の自由水と油脂類を乳化して、パンのボリュームとソフト感を向上させる。

基礎材料と副材料の関係図

糖類　乳製品

基礎材料
・小麦粉
・パン用酵母
・水
・食塩

油脂　卵

配合は足し算で考える（ボトム・アップ方式）

　配合を組み立てる際の基本的な考え方は、まず「基礎材料」ありきで、次いで「副材料」を任意に加えていく方式である。基礎材料の土台（ボトム）があり、そこに各副材料を足していく（アップ）という積み上げ方式である。とりわけ副材料の指定に順位や序列はないので、自由に加えて頂いて結構である。例えば、パンに甘味を求めるのであれば、基礎材料に糖類を加える。パンにソフト感を求めるのであれば、油脂や卵黄を加えるといった考え方である。

配合の組み立ては足し算で考える

加える ➡ / 加えない ✖➡
その他
ドライフルーツ・ナッツ etc...

加える ➡ / 加えない ✖➡
卵
全卵・卵黄・卵白 etc...

加える ➡ / 加えない ✖➡
油脂
バター・マーガリン・ショートニング etc...

加える ➡ / 加えない ✖➡
乳製品
牛乳・生クリーム・チーズ etc...

加える ➡ / 加えない ✖➡
糖類
砂糖・ハチミツ・モルトエキス etc...

4つの基礎材料
小麦粉・パン用酵母・水・食塩

材料の選別

パンの進化

　パンの歴史的進化の変遷をたどると、原料や材料の発達や発展を抜きには語れない部分が多い。数千年前のパンは、小麦粉や大麦粉を水と練り合わせて焼いただけの煎餅のようなパンであった。その後、ビールの搾りかすや小麦粉でつくった種を入れた発酵パンが発明される。そして、ハチミツや山羊の乳、岩塩を砕いたものなどが生地に加えられるようになる。

　前項でも述べたように、パンを製造する上でなくてはならない材料が小麦粉、パン用酵母（イースト）、水、食塩の「4つの基礎材料」であり、これらは発酵食品としてのパンが成立する上で必要不可欠なものである。それらに加え、パンを付加的に美味しくする材料として、糖類、乳製品、油脂、卵の「4つの副材料」がある。これらによってパン生地に変化がもたらされ、ハード&リーンなパンからソフト&リッチなパンまで、パンの種類が大幅に増加した。これによりパンは3大栄養素（糖質、タンパク質、脂質）を主としてビタミン、ミネラル、繊維質なども十分に含む総合栄養食品となる。

　今日、パンの種類も多種多様化する中、材料・素材も同様に変化しており、その種類たるや目を見張る数である。そんな中、つくり手には「選択の自由」が与えられているが、逆にその数が多すぎて、少々困惑気味である。そこで、この項では「4つの基礎材料」と「4つの副材料」について「材料の選別」の視点から解説したいと考えている。

小麦粉について

　小麦粉はパンの重量の5～6割を占める主材料である。小麦粉に含まれるデンプンとタンパク質が中心となって、パンのクラム（身）とクラスト（外皮）を形成する。また、デンプン、タンパク質の他にビタミン、ミネラルもバランス良く含まれており、栄養価の高い穀類と言える。

　現在、国内のベーカリー市場には大中の製粉会社20～30社がパン用小

麦粉を製粉して流通させている。そして、それらの製粉会社は1社あたり10〜30種類のパン用小麦粉（小麦全粒粉を含む）や5〜10種類の菓子用小麦粉を持つ。つまり、業務関連の国内市場ではざっくりであるが数百種のパン用小麦粉が存在することになる。

前述したように、この数の多さがつくり手の選別を惑わせる。ここで言いたいことは、現在の市場は小麦粉を例にとっても「選択肢過多」であるということ。ゆえにつくり手は「製法」「工程」「配合」からなる「目標とするパン」をより明確にして「材料の選別」を行わなければならないので、それぞれに学習が必要となるが、それが「理論」と「実践」もしくは「知識」と「経験則」によるパンづくりを可能にする。特に小麦粉については、複数種類のパン生地を扱うわけであるから、購入についてはできるだけ無駄のないように汎用性の高い製品を求める努力も必要となるであろう。

小麦の栄養素

小麦粒は卵形もしくは楕円球の形状で、平均的な大きさは短径が2〜3mm、長径が5〜6mm程度。稲のようにもみ殻に包まれているわけではなく、地肌がそのまま外殻を形成している。構造は外殻部分、胚乳部分、胚芽部分で成り立っている。

外殻は硬い殻で胚乳部分を保護するように覆っており、小麦粒全体の約13%を占める。また、「ふすま」とも呼ばれる外皮・外殻、アリューロン層などの部分は繊維質、タンパク質、ミネラル分（カリウム、カルシウム、リン、マグネシウムなど）などで構成されている。

胚乳は小麦粒全体の約85%を占め、主成分はデンプンとタンパク質である。灰分

小麦粒の縦割り断面

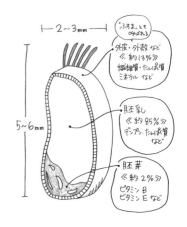

（ミネラル）はごく微量しか含まれないので、胚乳部から取り出した粉が多ければ多いほど白い粉となる。胚芽は小麦粒全体の約2％程度だが、ビタミンBやビタミンEなどを豊富に含んでいる。そのため、小麦の胚芽部分は健康食品やビタミン強化食品などにも使用されている。

パン用小麦粉の選別のポイント

一口に小麦と言っても、いろいろな分類方法がある。

❶栽培する時期や季節別では、秋に種子をまいて、翌年の夏頃に収穫するタイプを「冬小麦」、春にまいて秋に収穫するタイプを「春小麦」と呼ぶ。

❷小麦粒の外皮の色に注目すれば、外皮が褐色系統のものを「赤小麦」、黄色系統のものを「白小麦」と呼ぶ。

❸粒が硬い小麦を「硬質小麦」、軟らかい小麦を「軟質小麦」、中程度の硬さの小麦を「中間質小麦」と呼ぶ。小麦の場合、面白いことに小麦の硬さと小麦タンパク質の量は比例する。硬質小麦はタンパク質が多く、軟質小麦はタンパク質が少ない。

また、国内で流通している小麦粉の分類については、JASのような政府規格があるわけではなく、製粉会社各社の自主規格により、粗タンパクの多い小麦粉から「強力粉」「準強力粉」「中力粉」「薄力粉」と大別されてきた。ただ、小麦粉商品の種類が増えたことで、「強力粉と中力粉」や「中力粉と薄力粉」などそれぞれの粉の境目が曖昧となってきた。そこで、一般ユーザーや消費者にわかりやすくするために、最近の製粉業界では「パン用（強力粉、準強力粉）」「麺用（中力粉）」「菓子用（薄力粉）」と使用目的に応じて表記するようになった。

現在、パン用粉（強力粉）に使用される原麦は、カナダの1CW（No.1 Canada Western）、アメリカのHRW（Hard Red Winter）、DNS（Dark Northern Spring）などが主流である。最近では国内産のパン用粉の需要と供給も増加しており、北は北海道産（ハルユタカ、きたほなみ、など）から南は九州産（チクゴイズミ、など）まで、多くの地域で開発・育種されている。また、フランス、イタリアなどのヨーロッパ諸国からの原麦の輸入も増えており、それらを使用し

たハード、セミハード系のパン向けの小麦粉の開発は盛んで、まだまだ需要は少ないもののパン市場を賑わしている。

　ちなみに、菓子用粉（薄力粉）に使用される原麦はアメリカのＷＷ（Western White）、麺用粉（中力粉）はオーストラリアのASW（Australian Standard White）などが主流となっている。

■ 小麦粉の種類

【パン用粉（強力粉）】

　粗タンパク量は12.0〜15.0％と高く、多目的に使用される。

【フランスパン用粉／堅焼きパン用粉（準強力粉〜強力粉）】

　粗タンパク量は10.0〜12.0％とやや低く、主にハード系やセミハード系のリーンなパンに使用される。

【菓子用粉（薄力粉）】

　粗タンパク量は6.0〜8.0％と低く、単体の使用ではパンに不向き。パンに使用する場合は、ソフトで歯切れのよい食感を求めるためにブレンド粉（全体の5〜20％程度）として使用される。

■ 一般ユーザーや消費者向けに開示されている情報

- 小麦粉の粗タンパク量（％）：パン生地のグルテン量と質に影響。
- 小麦粉の灰分量（％）：パンの風味とクラム部分の色相に影響。
- 小麦粉の水分量（％）：パン生地の加水量の決定に影響。
- 小麦粉のエージング：製粉した小麦粉のクオリティーの安定を図るための熟成期間を指す。製粉直後の小麦粉はあらゆる面で加工性・安定性が悪いので、小麦粉にして一定期間熟成をとる。
- 小麦粉に使用される原麦：原料の出どころの確認。

グルテンの力が強い「強力粉」

「強力粉」は読んで字のごとく、「強い力」を持った粉。言い換えれば、質の良いグルテンが多くできる粉。粘性（グリアジン由来）と弾性（グルテニン由来）に富み、かつ伸長性や伸展性も併せ持ち、ガス保持力も高いので、製パンには欠かせない小麦粉である。一方「薄力粉」は「力の薄（弱）い粉」であり、強力粉に比べるとタンパクの質、量ともに低下する。でき上がるグルテンの力が弱く、強力粉の半量程度になるので、生地の伸長性とガス保持力も低く、パン用粉には不適応となる。逆に強いグルテンを必要とせず、生地のサクサク感や歯切れの良さを求める菓子用粉には適応する。

グルテンとは、小麦タンパク質のグリアジンとグルテニンが物理的な力を介して水と結合し、粘弾性のある立体構造をなす網膜状の組織である。伸長性・伸展性にも富み、パン生地の発酵中に発生する炭酸ガスをグルテン膜が保持することで、パン生地が膨張する。グルテン膜をゴム風船に見立てると、息を吹き入れることで風船が大きく膨らむのと同じ原理でパン生地が膨張する。

小麦タンパク質（グリアジン、グルテニン）＋ 水 —（物理的な力）→ グルテン

グリアジン、グルテニン、グルテンの写真

| グリアジン | グルテニン | グルテン |

※「小麦特有のたんぱく質グルテン」（一般財団法人製粉振興会 参与 農学博士 長尾精一）より

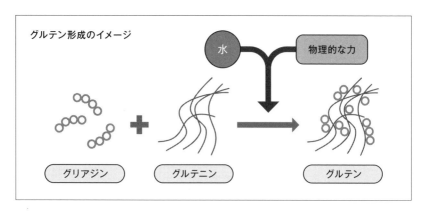

グルテン形成のイメージ

水 物理的な力

グリアジン ＋ グルテニン → グルテン

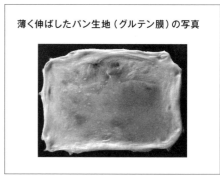

薄く伸ばしたパン生地（グルテン膜）の写真

パン用酵母（イースト）について

　国内のイーストメーカー（酵母会社）が商品の名称を「イースト」から「パン用酵母」に変えたのはここ数年の話。理由の一つは、小麦粉同様に使用目的別に区分けした方が消費者に対してよりわかりやすいから。もう一つは、「『酵母』は天然であるが、『イースト』は人工・人造であるとかないとか？」という消費者の誤解を解くためである。おそらく、「天然酵母」という呼び方が広まっていることから勘違いが発生したと推測されるが、正解はいずれも同一のものである。日本語（酵母）か英語（イースト：yeast）かという言語の違いである。

　酵母（イースト）の製造方法は、まず自然界の中から野生株を分離して純粋な単一種の菌株（カルチャー）として保存する。その菌株を大量の水が入ったタ

ンクの中にごく少量投入して純粋培養する。酸素や栄養を与えながら温度管理をしたタンクの中で24〜48時間で純粋培養したものが、工業製品としての「酵母」であり、「イースト」である。自然界から抽出した菌株はもちろん「天然」で、人工でも人造でもない「微生物」だ。流行りの遺伝子操作も行われていない。

　酵母は菌類に属する微生物であるから、当然のことながら個体差がある。向き不向きや得手不得手があり、例えばアルコール発酵によって主に炭酸ガスを生成するタイプの「パン用酵母」、主にエタノールを生成するタイプの「清酒酵母」や「ワイン酵母」、炭酸ガスとエタノールの両方をほど良く生成するタイプの「ビール酵母」などがある。我々は数百種ある酵母の属種からそれぞれの使用目的に応じた酵母の菌株を選別して使い分けしている。

アルコール発酵の化学反応

$C_6H_{12}O_6$（ブドウ糖）→
$2C_2H_5OH$（エタノール）＋$2CO_2$（炭酸ガス）＋放出エネルギー

　酵母は、体の表面から糖などの栄養分を取っており、周りに酸素が豊富にある時は「呼吸をしながら増殖」する。しかし、酸素が不足すると増殖をやめ、今度は酵素の働きによって糖をアルコールと炭酸ガスに分解して「発酵」と呼ばれる代謝を行う。

イーストの電顕写真

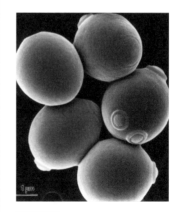

※写真提供
オリエンタル酵母工業株式会社

49

パン用酵母の種類と、選別のポイント

　基本的に酵母類（パン用酵母を含む）は水分を多く含んだ圧搾タイプの「生イースト」、もしくはそれを乾燥させた「ドライイースト」の2種類に大別される。パン用酵母の国内事情を簡単に説明すると、工業用の生イーストは国内生産されているが、ドライイーストについては国内生産されておらず、輸入に頼っているのが現状である。製造元はアメリカ、フランス、ベルギー、ドイツ、オランダなどのイーストメーカーである。ただ、幸いなことに自家培養酵母種（俗に言う天然酵母種）を乾燥させたドライイーストや乾燥種を製造・販売している会社は国内に何社か存在するので、興味のある方はお調べになって頂きたい。

■生イースト

　今日では工業用・商業用イーストは多種多様化しており、大手パンメーカーなどではPB（プライベートブランド）イーストによる商品の差別化・区別化も進めている。特に生イーストでは標準タイプに加えて、リーンな生地用の麦芽糖高発酵性やリッチな生地用の超耐糖性のイースト、さらに冷蔵生地用（低温感受性）、冷凍生地用のイーストが市場を賑わしている。

　一般的な生イーストは、高密度に純粋培養されたペーストを脱水と圧縮により凝集したもの。汎用性が高く、大手ベーカリーから町のリテイルベーカリーまで、最も多く使用されているパン用酵母である。水に簡単に溶けるので使いやすいという利点がある。反面、冷蔵（10℃以下）保存が条件となるので、その設備の確保と消費・賞味期限が短いという欠点がある。

■ドライイースト

　生イーストのもとになるペーストを温風（30～40℃）で数時間乾燥させて粒状にしたもの。ドライイーストの特徴の一つとして、乾燥時に何％かの細胞が死滅するが、その際にチオール基を還元基に持つグルタチオンが生成される。グルタチオンがパン生地のミキシング時に混入されると、グルタチオンのチオール基（SH基）とグルテンが持つチオール基の間で置換が行われる。その結果、グ

ルテン間のジスルフィド結合（S-S結合）が減少し、グルテンの弛緩が促進されるので、生地の伸長性が改善される。俗に言う「ほど良く緩んだ作業のしやすい生地」となる。また、発酵時の生地の香りやパンの香味も好ましいとされているので、巷では潜在需要が高く、根強い人気がある。反面、使用前に予備発酵が必要となるので、手間と時間がかかる。

＊ドライイーストの予備発酵
使用するドライイーストの約5倍量のぬるま湯（40℃前後）に、1/5量の砂糖とドライイーストを加える。10〜15分の予備発酵の後、軽くかき混ぜてイースト溶液として使用する。通常、ミキシング開始の20分程度前から予備発酵を行う。

■ インスタント・ドライイースト

　生イーストのもとになるペーストをフリーズドライ（凍結乾燥）して顆粒状にしたもの。粉に混ぜ合わせて使用できるので、非常に簡便である。一般に、砂糖の添加量が少ない低糖パン用（低ショ糖型）と、砂糖の添加量が多い耐糖パン用（高ショ糖型）の2種がある。ちなみに高ショ糖型イーストは低インベルターゼ活性となり、低ショ糖型イーストは高インベルターゼ活性となる。ここでインスタント・ドライイーストの低ショ糖型と高ショ糖型の使用例をご紹介する。なお、これは筆者の経験則及びメーカーの推奨レベルを参考にしたものであり、メーカーによって多少の差異が生じることがあるので、ご了承頂きたい。

＊インスタント・ドライイーストの砂糖の添加量に応じた使用例
・ 砂糖の添加量が対粉0〜5％：低ショ糖型イーストを使用。
・ 砂糖の添加量が対粉5〜8％：低ショ糖型イースト、高ショ糖型イーストともに使用可能。
・ 砂糖の添加量が対粉8％以上：高ショ糖型イーストを使用。

　低ショ糖型イーストを砂糖の添加量が対粉10％以上の生地に使用すると、発酵障害が見られるので注意されたい。また、高ショ糖型イーストにおいても、砂糖の添加量が15％を超えると発酵障害が生じる可能性が高くなるので、その場合はあらかじめイースト量を1〜2割増量しておくのが望ましい。

■ セミドライイースト

　生イーストとインスタント・ドライイーストの中間的存在。製造過程は定かではないが、特筆すべきは水分含有量が25％とドライイースト系の域を超えている。イーストの活性は生イーストより強く、インスタント・ドライイーストに近い。パンの香味も良く、冷凍耐性もあり、最近では巷のベーカリーの密かな人気商品である。反面、冷凍保存が条件となるので、その設備の確保が必要となる。

各種イーストの比較

		形状	使用方法	水分量	保存方法 保存期間
	生イースト	ペースト状	水中に投入し、よく撹拌後使用	80%	冷蔵 約3週間
乾燥酵母	ドライイースト	粒状	40℃の温水にて10〜15分間予備発酵後使用	7〜8%	常温 6〜12ヵ月 ※未開封の場合
	インスタント・ドライイースト	顆粒状	粉の中に直接混ぜ込み使用	4〜5%	常温 1〜2年 ※未開封の場合
	セミドライイースト			25%	冷凍 1〜2年 ※未開封の場合

各種イーストの使用量と活性

		使用量の比較 （生イースト対比） ※一般的なメーカー推奨値	活性比較 （生イースト対比）
	生イースト	100%	1倍
乾燥酵母	ドライイースト	50%	2倍
	インスタント・ドライイースト	40%	2.5〜3倍
	セミドライイースト	40%	2.5〜3倍

パン用酵母の分類

　分類学上では、酵母は隠花植物の中の菌類に分類される微生物の一種であり、パン用酵母は、酵母の一つでサッカロマイセス・セレビシエ（Saccharomyces cerevisiae）に属している。サッカロマイセス・セレビシエには、パン用酵母以外にも清酒酵母やワイン酵母などの醸造用酵母も属しており、現在の分類ではビール酵母もサッカロマイセス・セレビシエに属している。なぜ分類学的に同じ種に属しながらパン用酵母と醸造用酵母の違いが出てくるのかというと、パン用酵母は炭酸ガスを大量に生成する製パンに適した酵母であって、アルコールの生成を目的とした醸造用には不適格だからだ。

　また、一般的にサッカロマイセス・セレビシエをパン用酵母と呼ぶが、サッカロマイセス属に分類されるサンフランシスコサワー種やパネットーネ種の中に棲息しているサッカロマイセス・エクシギュース（Saccharomyces exiguus、種中の乳酸菌とは基質が違うために共存しやすい）や市販されている冷凍生地用酵母、トルラスポラ・デルブレキ（Torulaspora delbrueckii）もパン用酵母と呼べなくはない。

❶ パン用酵母の属種：サッカロマイセス・セレビシエ

❷ 酵母の大きさ：5〜15μm

❸ 酵母の形状：球状、楕円球状

❹ 酵母の成分（生酵母）：

　水分　65〜68%

　乾物　32〜35%

　┌ タンパク質　40〜50%

　│ 炭水化物　30〜35%

　│ 核酸　5〜10%

　│ 脂肪　1〜2%

　│ 灰分　3〜5%

　└ その他微量成分

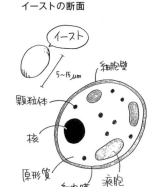

イーストの断面

イースト

5〜15μm

細胞壁

顆粒体

核

原形質

細胞膜

液胞

❺酵母の増殖について

• 酵母は通常出芽（母細胞から娘細胞が芽を出して増える）によって増殖する。この出芽は温度・栄養・酸素が大切な条件であり、最適な条件が揃えば約2時間で倍増する。

• 酵母は葉緑素を持たないため、直接食物を外部から取らなければならず、炭素（糖質）、窒素（硫酸アンモニウムなど）、リン（リン酸カルシウムなど）、ビタミン、ミネラルの栄養が必要となる。

• 空気が不足すると食物を摂取してもエネルギーの獲得が不十分なため、細胞が増えずアルコールが生成されやすい（アルコール発酵へ移行）。

• 一つの母細胞からは25回出芽が起こるが、それ以降は老化して出芽しない。

イーストの出芽サイクル

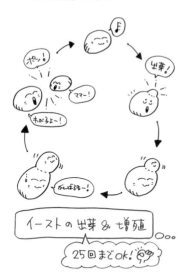

「塩」と「塩」

　「塩」と「塩」、単に呼び名の違いだけではない。科学的に酸と塩基が反応すると、酸の水素イオン（H$^+$）と塩基の水酸化イオン（OH$^-$）が結合して、水（H$_2$O）となる。この時に酸と塩基に残ったイオンで生成されたものが「塩」となる。塩には酸性塩・正塩・塩基性塩があり、それぞれ酸性・中性・アルカリ性・不溶に分類される。

　一方、我々が「塩」と呼んで食用としているものは、正塩（セイエン：遊離したイオンを持たない完全に中和した塩）に属する中性の塩化ナトリウム（NaCl）を指す。商品の分類上、食塩、クッキングソルト、食卓塩などは塩化ナトリウム含有量が99.0％以上であり、精製塩となれば99.5％以上となる。上記の塩はすべてイオン交換膜製塩法によって製塩されており、塩化ナトリウム純度の高い塩である。

各種食塩の特徴

名称	塩化ナトリウム含有量	粒度	特徴
並塩	95％以上	600〜150μm 80％以上	他の塩よりにがり、水分を多く含む。価格が安く、業務用として一般的。
食塩	99％以上	600〜150μm 80％以上	吸湿しやすいミネラル分を減らしてあり、並塩よりサラサラしている。家庭用として一般的。
精製塩	99.5％以上	500〜180μm 85％以上	より純粋な塩化ナトリウムに近い。粒子が細かくサラサラしている。固結防止剤*を添加している。
クックソルト	99％以上	500〜180μm 85％以上	粒子が細かくサラサラしていて使いやすい。固結防止剤*を添加している。
食卓塩	99％以上	500〜300μm 85％以上	サラサラしていて、最もキメがそろっている。固結防止剤*を添加している。

（塩化ナトリウム含有量と粒度は、公益財団法人塩事業センターの基準）
＊サラサラに保つために、塩基性炭酸マグネシウムが添加物として入っている。

■ 食塩の成分表示 (塩の法令)

　食塩に関しては、食用塩公正取引協議会によって2019年6月に食品表示法が改定され、以下の内容が義務付けられている。

❶「自然」「天然」の表示は使用しないこと。

❷ ミネラルによる品質等の優良性を表示しないこと。

❸「最高」「究極」などの最上級を示す表示は客観的根拠がなければ使用しないこと。

❹ 無意味な無添加表示はしないこと。

❺ 原材料、製法を表記すること。

　1997年に塩の専売制が廃止され、2003年に塩の輸入が自由化されて以降、食塩加工メーカーの、消費者の気を引くための過度な広告・宣伝を防止するために2008年に食用塩公正取引協議会が設立。食品表示法は、要するに「思わせぶり」「過剰表現」「根拠のない表現」「無意味な無添加表示」などを規制するものである。例えば、「〜の海洋深層水」から採取した「ピュアな天然塩／自然塩」で「ミネラルが豊富」で「身体にやさしく、健康バランスに良い」と言った類の過剰な表現の禁止を意味する。表示内容に間違いがなければ、下の公正マークを表示できる。

塩の公正マーク

パンづくりにおける食塩の機能性

　パンづくりにおいて食塩は、使用量が少なく、あまり目立たない存在であるが、その活躍には目を見張るものがある。以下、パン生地におけるその機能性をまとめる。

❶ グルテン強化 (引き締め効果)

　これは実際に「塩入り」と「塩なし」のパン生地を比較すると一目瞭然、その違いを確認できる。塩入りの生地は、ほど良い弾力とベタつきを持った生地であり、生地表面はスムーズでしっとりとしたスキン感がある。反対に、塩なしの生地は、確かに伸長性には優れるが、やたらベタベタした生地であり、生地表面もザラザラとしたスキン感である。昔のパン職人は、「塩はグルテンを鍛える」とか「塩はパン生地を引き締める」などとよく言っていた。食塩がグルテンに及ぼす影響は目視レベルの現象としては捉えやすいが、グルテン分子の結合状態や分子間の構造が複雑なため、理論上すべては解明されていない。結論を言えば、食塩はパン生地のベタつきを緩和して、パン生地を引き締めることができる。その結果、グルテン組織の強化→ガス保持力アップ&強固な骨格をつくる→パンのボリュームアップという好循環をもたらす。

塩入り生地と塩なし生地

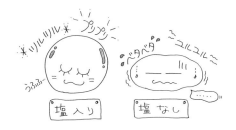

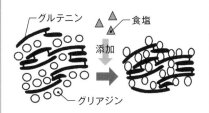

食塩がグルテン組織を圧縮する様子

グルテニン　　食塩

グリアジン

食塩添加によりグリアジンの配置が変化するとともに、グルテン間の距離が短縮し全体の容積が減少する

❷ 微生物に対する抗菌作用

よく「塩には微生物に対して抗菌・殺菌作用がある」と言われるが、文献など
を読むと直接的な殺菌効果はないとされている。間接的に微生物の生活圏の環
境条件（溶液濃度、水分活性、pHなど）を変化させることによる抗菌作用（浸
透圧などによる活性の低下など）と考えられているようだ。では、パン生地にお
ける「塩の抗菌性」はどうだろうか？ 「塩入り」と「塩なし」のパン生地を一定
の製造工程のもとに比較すると、「塩入り」は「塩なし」より、発酵時の炭酸ガ
スの発生量が1割程度少ない。これは同じ実験を100回繰り返しても同じ結果
となるので、明らかに塩がイーストの活性を制限していると考えられる。対生
地量1％程度の塩がパン生地に添加されるだけで、パン生地が高濃度となり、
浸透圧現象が生じてイーストの活性を低下させているのか？ それとも他の要因
が存在するのか？ 残念だが、現時点において明快な回答はできない。

❸ 塩味の供給

「塩梅（ほど良い味付け）」と言われるくらい、食塩の添加量は料理をはじめ
パンにも大きな影響力を持つ。適度な食塩の添加はパンを食べやすく、より
美味しくする。逆に「塩なしパン」は無味乾燥パンとなる。最後に「食塩」は
古今東西、人類史上最古の、かつ今日においても最小限の量で最大の効果を
もたらす調味料であることを記憶に留めて頂きたい。

塩の旨味はどこからくるのか？

「〜の塩」「〜の天塩」「〜の粗塩」など、日本はじめ世界各地の地名が商品
名に使用された塩を食品量販店の棚で見かけられた方も多いと思う。それらの
多くは、海水塩、湖塩、岩塩が原料となっている。海水を天日で干した塩や窯
で煮て凝縮した塩、湖塩を採集した塩、岩塩を砕いて煮詰めた塩、製塩法も
加熱法、乾燥、非加熱などさまざまである。

「塩の旨味」についてよく、「〜の海水塩は塩味がやさしい」とか「〜岩塩は
甘味がある」という表現を耳にする。これらの塩に共通していることは、塩化ナ
トリウム以外の不純物が多いことである。塩化ナトリウムの含有量が80％前後

と低く、その他の大半がミネラルとなる。成分上、塩に含まれるナトリウムを除けば、マグネシウム（Mg）、カルシウム（Ca）、カリウム（K）がミネラルの99%以上を占め、その他のミネラルはごく微量である。「塩の旨味」にはミネラルが大きく貢献していると考えられているが、例えば海水塩であればミネラルの他にプランクトンや海藻類の屑など、岩塩であれば鉱物の塵や錆なども含まれている。

　要するに塩の旨味成分は、塩化ナトリウム以外、わけのわからない得体の知れないものが多く存在する気がする。残念ながら「食塩」の場合、明らかにグルタミン酸ナトリウムのようなアミノ酸化合物でも存在しない限り、「旨味のもと」の特定はしにくい。ただ、人の嗅覚や味覚は感度が高く、「得も言えぬ旨さ」とか「なんとなく香りが良い」を感受できるようである。

パンと塩の「塩梅」の計算式

　塩化ナトリウム含有率の高い「食塩」と、含有率の低い「〜の塩」では、パンの味にどのような違いが出てくるのか？　例えば、塩化ナトリウム量が100%の「食塩」を使用したパンを（A）、塩化ナトリウム量が80%の「〜の塩」を使用したパンを（B）とする。それぞれ2kgの小麦粉に対粉2%の食塩を添加した時の塩化ナトリウム量は以下となる。

（配合表）		
小麦粉	100.0%	2000g
食塩（A／B）	2.0%	40g
その他（水、砂糖など）	98.0%	1960g
生地総量	200.0%	4000g

2000g（小麦粉）×2／100（2%の食塩）＝40g（A、B食塩の添加量）
（A）の塩化ナトリウム量＝40g×100／100＝40g
（B）の塩化ナトリウム量＝40g×80／100＝32g
（A）−（B）＝40g−32g＝8g（パン生地中の塩化ナトリウム量の差）

約4kgの（A）、（B）のパン生地中の塩化ナトリウム量が8gも違うことになる。次に、パン1個あたりの塩化ナトリウム量の差を見ていこう。4kgの生地を、それぞれ50gずつに分割した場合、約80個のパンが焼ける（製品重量42g）。

$$4000g \div 50g = 80個（2kgの小麦粉で焼けるパンの個数）$$
$$8g \div 80個 = 0.1g = 100mg（パン1個あたりの塩化ナトリウム量の差）$$

すなわち、焼き上げた42gのパンを1個食べると（A）のパンは（B）のパンより1個あたり0.1g（100mg）余分に食塩を摂取することになる。そして実際パンを食べてみると、多くの人がこの0.1gの塩味の差を感じることができるから、人の官能とはたいしたものである。

また、（A）の塩味に（B）も倣うならば、理論上は塩化ナトリウム量を等しくしなければならない。つまり（B）のパン生地に添加する食塩量を増やすこととなる。

$$（A）:（B）= 100\% : 80\% = 2.0\% : X \text{ of （B）}$$
$$（B）X = 100 \times 2.0 / 80 = 2.5\%$$

ゆえに（A）と同じ塩味を求めるならば、（B）の食塩添加量を2.0％から2.5％に引き上げなければならない。逆に（B）の塩味に（A）も倣うのであれば、（A）のパン生地に添加する食塩量を減らすこととなる。

$$（A）:（B）= 100\% : 80\% = X \text{ of （A）} : 2.0\%$$
$$（A）X = 80 \times 2.0 / 100 = 1.6\%$$

ゆえに（B）と同じ塩味を求めるならば、（A）の食塩添加量を2.0％から1.6％に引き下げなければならない。（A）:（B）は片方だけが変化する、やや変則的な相関関係であるが、比例・反比例の計算式を応用して、パンの塩味、塩梅の調整をした。

パンづくりにおける水の役割

「水」は小麦粉の次に多用されるパンの主材料であり、その機能は多岐にわたる。この世の中で水を含まない食品は存在しない。例えば、食べた時にパサパサに感じる「乾パン」や「堅焼き煎餅」は数％から10％前後、一般的な食パンは38％前後も水を含んでいる。これはパンにとって水の存在はいかに重要であるかを示している。以下、パン生地におけるその機能性を簡単にまとめる。

❶ グルテンの形成に必要な水。

❷ デンプンの膨潤・糊化に必要な水。

❸ イーストの代謝に必要な水。

❹ 砂糖や塩など水溶性の結晶体を溶解するための水（溶媒として）。

❺ 各原料を結着させる水。

❻ 食べ良いパンを実現するために必要な水（水分含有量）。

パン生地に使用する水（仕込み水）の適性

次に、パンづくりに適した水の条件である。

❶ pH6.7〜7.5の弱酸性から弱アルカリ性。

❷ 硬度50〜150ppmのやや軟水からやや硬水。

一般的にミキシング直後のパン生地はpH5.2〜5.5、発酵中はpH4.2〜4.5、焼成後のパンはpH5.5〜5.8となっている。これはイーストが酸性域でより活性化することを示しており、事実イーストだけで言えばpH4.0〜4.5でその活性を最大化する。また、長時間発酵させた中種やパン種などを使用する場合、焼成後のパンはpH4.5以下になる。

日本各地の水道水はほとんどが硬度50〜100ppmの範囲にあるので、実際のパンづくりにはまったく問題ない。適度な硬度は、水に含まれるイオン化したミネラルが塩と同様の効果を持ち、生地中のグルテン分子に働きかけて分子間の構造を引き締める。その結果、パン生地にほど良い緊張をもたらすので、のちの作業性も良く、焼き上がったパンのボリュームも十分に引き出すことができる。水の硬度がパン生地に及ぼす影響は、以下のようなものがある。

・50ppm以下の軟水を使用する場合、純水（0ppm）に近づくほどパン生地がベタつく傾向がある。これはミネラルの減少とともに「塩（エン）」効果が薄れるので、グルテンの分子間に多少のゆるみが生じるためと考えられている。このような生地は、その後の作業性も悪くなり、処置を間違うとボリュームの欠けたパンに焼き上がりやすい。

・硬度の高い水を使用する場合、硬度100〜300ppmまではテストベーキングの結果、パン生地に変化はなく、生地の状態も安定している。なお、例外的に超硬水（硬度：500〜1500ppm）を使用する場合はあるが、ここでは説明を割愛する。

　最後に、使用する水のパンの風味・香味に対する影響力だが、①、②の範囲にある適性水であれば、パン生地、焼き上がったパンともに大きな変化はない。ほとんどの人には同じような風味・香味のパンと感じられるはずである。

水溶液のpH（ピーエイチ）と酸度

　「pH（ピーエイチ）」とは、水素イオン指数のこと。化学的には溶液中の水素イオン（H^+）の濃度を表し、pHは1〜14まで変化する。pH7を中性とし、「酸性 ＜pH7 ＜ アルカリ性」としている。pHが1に近づくほど弱酸から強酸となり、逆に14に近づくほど弱アルカリから強アルカリとなる。

　一般的に酸性の水溶液は口にすると「酸っぱさ」を感じ、アルカリ性の水溶液は手触りがヌルヌルして、「苦味」を感じる。通常、我々が口にする飲食料品はpH2〜pH10で、大半のものは酸性域にある。これは人間の胃酸がpH1〜2であり、人間の胃は酸性に強いためである。

　一方、「酸度」は溶液に含まれる酸の質量を百分率（％）で表示したもので、乳酸・酢酸・クエン酸など溶液中の有機酸の濃度と酸味の程度を指す。酸度は果汁などの味の判別に「糖酸度（糖度と酸度のバランス）」として使われる。

　最後に「pH7以下」と「酸度が高い」は、どちらも「酸性」であり「酸っぱい」と感じるので、pHと酸度を混同しやすい面がある。「pH」と「酸度」はまったく別物であるという認識を持っていただきたい。例えば、炭酸飲料やスポーツ

ドリンクなど、それほど酸味を感じないものでも、pH2〜4と比較的強い酸性を示す場合がある。

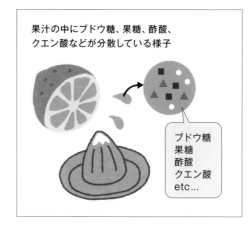

果汁の中にブドウ糖、果糖、酢酸、クエン酸などが分散している様子

ブドウ糖
果糖
酢酸
クエン酸
etc...

水の味の違い
（ミネラルの仕事）

軟らかい水、硬い水、旨い水など、水には確かに微妙な「味」「旨味」などの違いが感じられる。水の味や旨味は、その水に含まれるミネラルが影響すると考えられている。主にナトリウム（Na）、カルシウム（Ca）、マグネシウム（Mg）、カリウム（K）は4大ミネラルと呼ばれ、ミネラルを構成する主成分である。例えば塩であれば、「辛い」「苦い」などをはっきりと感じやすいが、ミネラルの「旨い」「不味い」についての判定と表現は曖昧になる。

一つ確かなことは、純水→軟水→硬水→超硬水と水の硬度（註）が高くなるにしたがって、水の味はより硬く、濃く感じるようになる。これはミネラルの総分子量が増えるにしたがって、水の密度と濃度が高くなり、ミネラルの味を感じやすくなるからである。ちなみに世界保健機構（WHO）の水質ガイドラインでは水の硬度を以下に設定している。

純水とはpH7、硬度0mg/ℓ（ppm）、中性で不純物ゼロの水のことで、主に医療用や工業用に使用される。個人の感想だが、純水の味は無味乾燥でよくわからない味である。現在の日本で販売されている国産・外国産のミネラルウォーターの硬度は約10ppm（か

世界保健機構（WHO）による
水質基準（硬度）

区分	総硬度の値
軟水	0〜60mg/ℓ
中程度の軟水	60〜120mg/ℓ
硬水	120〜180mg/ℓ
非常な硬水	180mg/ℓ 以上

なり軟水）から約1500ppm（超硬水）まで変化に富んでおり、それぞれの支持層も幅広い。また、大半のミネラルウォーターは弱アルカリ性で人の血液（pH7.4）と同程度であり、飲料時に違和感が少ないとされている。

（註）現在の日本はアメリカ硬度を使用。水中のカルシウム塩とマグネシウム塩の濃度（総硬度）を炭酸カルシウム（CaCO₃）に換算した値をmg/ℓ（＝g/㎥）やppmで表す。カルシウム塩とマグネシウム塩の原子量はCa=40、Mg=24.3、炭酸カルシウムの分子量はCaCO₃=100である。それぞれの炭酸カルシウムへの換算率は、カルシウム塩（100÷40=2.5）とマグネシウム塩（100÷24.3＝4.1）となるので代入すると硬度の計算式は以下となる。

硬度 (mg/ℓ) ≒ カルシウム濃度 (mg/ℓ) × 2.5 ＋ マグネシウム濃度 (mg/ℓ) × 4.1

自由水と結合水

　食品中の水分は「自由水」と「結合水」に大別される。自由水は水分子が自由に動き回ることのできる水であり、凍結、気化（蒸発）しやすい水のことである。一方、結合水は他の有機物と結合しているので、凍結や気化がしにくくなっている水のことである。ちなみに食品中ではこの自由水がどの程度含まれているかで、微生物の繁殖にかかわってくる。自由水の割合が多いほど微生物は繁殖しやすく、逆に結合水が多いほど繁殖しにくくなる。

水分含有量と水分活性

　「水分含有量」とは食品中に含まれる水分量（自由水と結合水を含むすべての水）を食品100gに対する百分率（％）で表したもの。ちなみに一般的な食パンの水分含有量は38％前後で、まずまず水を含んだ食品と言える。
　「水分活性」とは食品中に含まれる自由水の割合を示す指数で、主に微生物の繁殖の有無を判断する基準となる。微生物は自由水が多ければ多いほど、その繁殖率を高くする。純水（pure water）は水分活性（Aw：water activity）が1.0で自由水が100％となる。水分活性値が小さくなればなるほど、自由水の割合が減り、逆に結合水が増す。食品中のAw＝0.9以上で一般的な食中毒菌

が繁殖しやすく、Aw ＝ 0.8 以上で熱や乾燥に強い細菌が繁殖する。逆に Aw ＝ 0.5 以下になると繁殖できる微生物は皆無となる。

ちなみに一般的な食パンは Aw ＝ 0.95 以上でほとんどの微生物が繁殖できる条件となっている。

糖類について

砂糖の原料はサトウキビ（甘蔗：sugar cane）とビート（甜菜：sugar beet）に大別され、世界生産の内訳はサトウキビが7割、ビートが3割となっている。サトウキビはアジア・中南米・オーストラリア・アフリカなどの熱帯や亜熱帯地域で栽培され、ビートは欧州・北米などの比較的冷涼な地域で栽培されている。日本においては、サトウキビは鹿児島県の南西諸島や沖縄県で、ビートは北海道でそれぞれ栽培されている。

砂糖はパンの副材料の筆頭として多くのパンに使用され、その甘さをもって多くの人々を魅了してきた。以下、パン生地におけるその機能性を簡単にまとめる。

❶ 砂糖（ショ糖）は最も一般的な糖であり、人間の味覚にとって重要な甘味を供給する。

❷ 二糖類のショ糖が酵素によって分解されて、単糖類のブドウ糖と果糖となり、それらがイーストの栄養源となる。

❸ 糖質は加熱されるとカラメル化するので、パンの焼き色に大きく貢献する。

パンに使用される主な糖類

■ 砂糖

砂糖（sugar：シュガー）は、糖類の代表選手である。砂糖はさまざまな加工糖の総称であり、その原料となるものは多種にわたる。ゆえに煩雑になるといけないので、ここでは、ご家庭や町のベーカリーで一般に使用される糖類に限定して紹介させて頂く。

【グラニュー糖】　世界で「砂糖」と言えば、グラニュー糖のことを指し、最も使用量の多い砂糖である。言い換えれば、インターナショナルシュガーである。

グラニュー糖は純度の高い無色透明の糖液からつくられる白色結晶体の砂糖であり、ショ糖純度が高く、転化糖をほとんど含まない。商品としてのグラニュー糖は使用目的も多岐にわたり、高純度でサラサラの結晶はサイズが大きいものから小さいものまでラインアップは多種にわたる。

【上白糖】　日本生まれの砂糖。上白糖はショ糖にビスコと呼ばれる転化糖液をふりかけて製造される。しっとりとした触感を持ち、グラニュー糖に比べ甘みが強くコクがある。また、転化糖が含まれる影響で、アミノ酸存在下で加熱時にグラニュー糖よりもメイラード反応が起きやすく焦げ色が付きやすい。菓子パンパン生地によく用いられる。

【三温糖】　上白糖より純度が低く、黄褐色で甘みも強く特有の風味を持つ。グラニュー糖に加工する前段階のやや茶色い糖類である。西洋で言うところの「ブラウンシュガー」である。

【カラメル（焦がし糖）】　グレードの低い糖を加熱してカラメル化させたペースト状のもの。茶褐色の液体で、パンの色付けや風味付けに使用される。

【モラセス（廃糖蜜）】　サトウキビやビートの搾り汁を煮詰めた、焦げ茶色のシロップで、パンの色付けや風味付けに使用される。

■ 天然糖

【ハチミツ（蜂蜜）】　ブドウ糖（40％）と果糖（50％）が主成分の高濃度シロップで、pHが3.5前後と酸性であることも特徴の一つ。古代エジプトの頃から貴重な甘味料であり、ギリシャ時代には菓子の主材料であった。今日ではパンの風味付けに使用される。ただし、ハチミツ入りのパンや菓子は「乳児ボツリヌス症」を発症する可能性があるので、1歳未満の乳児に決して与えないようにして頂きたい。

【メープルシロップ】　アメリカ先住民が先史時代に開発したとされる、サトウカエデなどの樹液を濃縮した甘味料。独特の風味があり、パンケーキやベルギーワッフルの上掛けシロップとして有名。パンには風味付けに使用される。

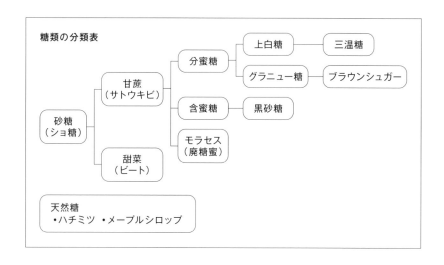

糖類の分類表

糖の種類で甘さが変わる

　パンに使用される糖類は砂糖群が中心となるが、大手パンメーカーでは液糖（転化糖、異性化糖）なども使用される。では、数多くある糖類の中で「どれが一番甘いのか？」という問題に多くの人が興味を抱くのではなかろうか？

　糖類の甘味の強さを評価した「甘味度」と呼ばれる数値がある。それは、一定のショ糖溶液と比較した値で表わすものである。ショ糖の甘味度を1.00とし、他の糖の甘味度と比較するが、残念ながら人の官能評価をもとに判定するので定量的な値ではない。この表から言えることは、砂糖以外の糖質系甘味料の甘味度は、果糖以外はショ糖に比べて低い。甘味度の高さは果糖＞ショ糖＞ブドウ糖の順となる。異性化糖（果糖55％）とは、ブドウ糖に酵素を作用させ、ブドウ糖45％、果糖55％の割合で砂糖と同程度の甘味度に調整したものである。その他ガムやキャンディーに使用されている糖アルコールの甘味度はショ糖に比べて低く、清涼飲料水などに使用される非糖質系甘味料は天然・合成を問わず、甘味度はショ糖に比べて極めて高い。

　また、甘味度とは別に、「糖度」または「ブリックス値（Brix scale）」と呼ばれる果汁や糖液を糖用屈折計で測定する方法もある。1％ショ糖水溶液＝糖度

＝1 Brixと示度するので、ショ糖水溶液の場合は「甘味」の指標となる。ただ、果汁やジュースはブドウ糖や果糖以外の雑分が多く含まれているので、ブリックス値が高くても甘味度も高いとは限らない。例えばレモンの搾り汁は、糖度が高くても「酸度」も高いので、人の官能には「酸っぱさ」が強く感じられるから、甘味度はかなり低くなる。糖度は味覚としての甘味に直結しているとは限らないので、「糖度が高い」＝「より甘い」という構図は成立しない場合がある。というわけで、読者の皆さまには誤解のないようにして頂きたい。

糖の種類

種類	品名	甘味度
糖類	ショ糖	1.00
	ブドウ糖	0.60〜0.70
	果糖	1.20〜1.50
	異性化糖（果糖55%）	1.00
	水飴	0.35〜0.40
	乳糖	0.15〜0.40
糖アルコール	ソルビトール	0.60〜0.70
	マンニトール	0.60
	マルチトール	0.80〜0.90
	キシリトール	0.60
	還元パラチノース	0.45
非糖質系天然甘味料	ステビア	100〜150
	グリチルリチン	50〜100
	ソーマチン	2000〜3000
非糖質系合成甘味料	サッカリン	200〜700
	アスパルテーム	100〜200
	アセスルファムK	200

（出典：精糖工業会「甘味料の総覧」）

乳製品について

　牛乳をはじめ、バター、生クリーム、ヨーグルトなど、主に牛乳を原料とする乳製品は、パンをより魅力的にする素材である。以下、パン生地におけるその機能性を簡単にまとめる。

❶ パンにミルクフレーバーを供給する。

❷ パンのクラストカラーを改善する（乳製品に含まれる乳糖はイーストの栄養源とはならず、焼成中に生じるメイラード反応やカラメル化の原資となる）。

❸ カルシウム、リジンなどの栄養添加（牛乳に含まれるリジンは、パンにおいては貴重な動物性の必須アミノ酸である）。

パンの風味を高めるバター

　パンに使用される乳製品と言えば、何と言ってもバターであろう。バターの個性は際立っており、効果的に使用することでパンを劇的に変化させる。

　乳等省令規格によれば、バターとは生乳、牛乳または特別乳から得られた脂肪粒を練圧したものを言う（乳脂肪：80.0％以上、水分：17.0％以下、大腸菌群：陰性）。乳脂肪は30℃前後で溶解するので、バターの融点（溶け出す温度）は28〜32℃と低い。そのため、口の中で溶けやすく、風味が広がりやすいが、室温でも溶けやすいので扱いに注意する。また、空気に触れると酸化しやすいので、包み紙や容器で密閉し、保存は要冷蔵（10℃以下）とする。パン生地に及ぼすバターの効果については、以下のことが挙げられる。

❶ 被膜（コーティング）効果と潤滑（リュブリケーション）効果

　これはバターだけでなく油脂全般に言えることであるが、パン生地に油脂を練り込むと生地の伸長性や伸展性が大幅に改善されて、伸びやかな生地に変化する。これは、生地中のグルテンが薄い油膜にコーティングされ、それによりグルテン同士のくっつきが防がれ、それぞれが接触する時の滑りが滑らかになる。これを油脂の被膜（コーティング）効果と潤滑（リュブリケーション）効果と呼んでいる。また、これらの効果のおかげで、①生地の伸長性が良くなる→②作業性が良くなる→③発酵時における生地の膨張率が良くなる→④焼成時にお

ける生地の窯伸びが良くなる → ⑤ 焼き上がったパンのボリュームが増加する → ⑥ パンの食感が軽く、口溶けも良くなる → ⑦ パンの日持ちが良くなる（パンの乾燥を遅らせる効果がある）。まさに「良くなる尽くし！」である。

❷ パンにバターの風味を供給する

生地にバターを添加したパンは、もちろん生のままでもバター独特の風味を十分に楽しめるが、食べる時にパンをトーストもしくは軽くリベイクするとバターの香りが際立って最高である。

❸ パンクラムの色相を改善する

これはバターに多く含まれるカロチノイド（黄色色素）が、パン生地そして焼き上がったパンのクラムの色相を白色系から温かみを感じるクリーム系に着色するからである。

最後に、バターの種類について説明を加える。

■ 食塩の有無

【加塩バター】　通常1〜2％程度の食塩。

【無塩バター】　食塩を入れない。

■ 発酵の有無

【発酵バター】　ヨーロッパ産は牛乳を発酵させた後、バターに加工する。日本ではバターに加工した後、乳酸菌を加えて発酵バターにする。

【非発酵バター】　日本で一般的なマイルドな風味のバター。

脱脂粉乳、生クリーム、ヨーグルト

バター以外でパンに使用される乳製品の代表選手は何と言っても「脱脂粉乳」であろう。脱脂粉乳（NFDM：Non Fat Dry Milk）は、牛乳を遠心分離機にかけて乳脂肪分（バターや生クリームの原料）の大半を取り除いた低脂肪乳を、凍結乾燥やスプレードライで粉末にしたもの。乳等省令の脱脂粉乳の規格では乳脂肪0.5％以上1.5％未満となっている。一般市場では「スキムミルク」として

販売されているが、これはブランド名。スキムミルクは脱脂粉乳とは別物であり、成分は似ているが、スキムミルクは簡便さを考えて水に簡単に溶けるように加工されている。パン業界では脱脂粉乳が主役である。その理由は、①低コスト、②使用方法が簡便、③長期間の保存・保管が可能、などが挙げられるが、業務用の脱脂粉乳は水になかなか溶けにくく、湿気を含むとすぐダマになるという欠点がある。

「生クリーム」は、とにもかくにもパンの風味を濃厚にする素材である。対粉10％以上使用すると、生地ダレと発酵障害が生じる場合があるので注意が必要である。

「ヨーグルト」は、中に含まれる乳酸がパンにほど良い香味と酸味をもたらす。対粉15％以上使用すると、酸味が「舌を刺す」場合があるので注意が必要である。また、発酵種の菌株としてヨーグルト若干量を使用する場合もある。

油脂について

「油」と「脂」を音読みすると「油（ゆ）」「脂（し）」となる。訓読みすると「油（あぶら）」「脂（あぶら）」となる。油は常温（25℃）で液状を保ち、脂は常温で固形を保つという性質の違いを表す。日本では固形脂は牛脂（ぎゅうし）（ヘット）や豚脂（とんし）（ラード）とわかりやすいが、液状油はゴマ油（あぶら）、綿実油（ゆ）、サラダオイルなどと呼び方がいろいろと変化するのでややこしい。英語はもっと単純で「fat（ファット）：脂」と「oil（オイル）：油」と別単語で表現し、油脂の場合は「fat & oil」と接続詞でバインドする。

油脂の原料は植物、動物、魚類と種類が多く、その上液状油や固形脂の違いもある。パンに応用する際はそれぞれの特性をよく理解して使用したい。以下、パン生地におけるそれらの機能性を簡単にまとめる。

❶ 油脂はパンに独特の風味を供給する。

❷ 油脂に含まれる脂肪分により、パンがソフトになるとともにパンの硬化を遅らせる（パンの日持ちを良くする）。

❸ 油脂はパン生地中の乳化を改善する。固形脂はその可視性のもとにグルテンをコーティングしてパン生地の伸長性を向上させる。液状油はパン生地に対する

浸透性には勝り、より早く均一に拡散する。一般的にパン生地の伸長性・伸展性を求める場合が多いので、特別な目的がない限り固形脂が好んで使用される。

■ 固形脂

【バター】 （69頁参照）

【マーガリン】 乳化タイプの固形脂で可塑性があり、伸展性に富んでいる。クラムがクリーム色で風味が豊かなパンをつくる機能が高い。

【ショートニング】 白色・無味・無臭の固形脂で可塑性が低く、パンづくりにおいては液状油に近い機能を持つ。

■ 液状油

【サラダオイル】 無色・無味・無臭の液状油で植物油が原料となる。パン生地の機能性のもとに油滴が必要な時に使用される。

【オリーブオイル】 オリーブを原料としてつくられる液状油で、独特の風味・香味を持つ。イタリア、スペインの料理やパンになくてはならないものである。

【液体油脂】 大手ベーカリーなどで使用される低コストで特殊加工の液状油。

マーガリン、ショートニング

　「マーガリン」が誕生したのは1800年代後半である。バター不足の折、ナポレオン3世がバターの代替品を募集したのを機に開発された。当時は上質な牛脂に牛乳、塩などを加えて冷やし固めた代物だったが、それが進化して疑似バターとなる。マーガリンは英語で「margarine」となるが、その由来はギリシャ語の「margarite」で、真珠を意味するようである。

　マーガリンの主原料は大半が植物油で、一部動物性油脂が使用される。それらに水、食塩、粉乳、香料、色素などを加えて撹拌したのちに、乳化した原液を冷やし固めたものや水素添加によって固化したものである。伸展性の良い油脂なのでグルテンの被膜効果と潤滑効果に優れる（69頁参照）。

　「ショートニング」は、1911年にP&G社がラードの代用品として開発した、植

物、動物油脂を原料とした練り込み専用の固形油脂である。当時は「ラードコンパウンド（ラードの代用品）」とも呼ばれていた。ショートニング（shortening）という名称は、パン、ビスケットなどの原料として使用した場合、その口あたりを良くし、もろさを与えるという意味の英語「shorten」からきている。ショートニングはバターやマーガリンのように可塑性を持たず、水を一切含まない。100％脂肪球で構成されている、無味無臭の固形脂である。

　パンにおけるショートニングの効果と言えば、クッキーやビスケットほどサクサク感が顕著に表れないが、添加量が多くなればなるほどパンの食感は歯切れ良く感じる傾向にある。その理由は、パン生地中に均一に分散した大小の油滴（約5〜50μm）が焼成時に加熱されるので、油滴付近のグルテンが油を吸収して組織がもろくなる。この現象がクッキーやビスケットにおけるサクサク感、パンにおける歯切れの良さをもたらしている。

バターやマーガリンがグルテンに沿って
フィルム状に分散している様子

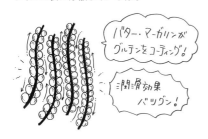

ショートニングが生地中に油滴で
分散している様子

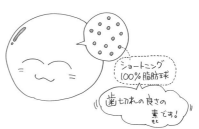

卵について

　「巨人・大鵬・卵焼き」。筆者の少年時代に流行ったフレーズである。当時の子供は本当に卵焼きが大好きで、我々を育ててくれた栄養の一翼を担ったのが「卵（鶏卵）」である。まさに庶民フードの王様であろう。その証拠に価格もここ数十年さほど変化がないし、現在でも1個20円も出せば買えるという大変有難い食品である。

　卵には8種類の必須アミノ酸がバランスよく含まれており、「プロテインスコア＝100」はすべての食品の指標となっている。卵（M玉）は60g／1個相当である。その組成は大体、卵殻・卵膜10％、卵白60％、卵黄30％となっている。卵白は90％近くが水分で、残りの大部分がアルブミン、グロブリン、糖タンパク質などである。卵黄は50％近くが水分で、残りがタンパク質16.5％、脂質33.5％となる。

　卵黄のタンパク質は主にリン脂質と結合した「リポタンパク質」と呼ばれている。脂質の大半はリン脂質であり、その主成分が「レシチン」である。ここが大事なところで、このリポタンパク質とレシチンが、卵黄の特性である「乳化」の主役である。また、この乳化作用がデンプンの老化を遅らせるのに役立っている。

　卵黄の鮮やかな黄色・赤色は脂溶性の色素「カロチノイド」であるが、鶏は体内で色素を合成できないので、飼料中に含まれる色素を卵黄に取り込む。だから、黄色が鮮やかなものはエサに黄色のトウモロコシなどが多く含まれ、橙・赤色の濃いものはエサに赤パプリカなどが多く含まれている。

　卵は、特に卵黄の持つすべての特性が、パンを効果的に改善してくれる。以下、パン生地における機能性を簡単にまとめる。

❶ パンに卵黄の風味を供給する。

❷ パンの栄養価を高める。

❸ レシチンの乳化作用によるパンのボリューム向上と硬化抑制。

❹ 卵白タンパクの熱凝固によるパン保形力の向上。

■ 卵製品の種類

【生卵（殻付き）】　卵は常温流通、常温販売。生食用は10℃以下の保存が望ましい。加熱・加工用は常温保存可。

【チルド・冷蔵卵（未殺菌タイプ、殺菌タイプ）】　「液全卵（ホールタイプ、ろ過タイプ）」「液卵黄（ろ過タイプ）」「液卵白」がある。未殺菌タイプと殺菌タイプがあり、賞味期限はメーカーと製品によるので、使用目的に応じて選択すること。

【凍結卵】　液卵を−15℃以下で凍結させたもので、賞味期間は12ヵ月〜18ヵ月と長く、使用時に必要に応じて解凍後に使用する。「全卵」「卵黄（加糖タイプ、無糖タイプ）」「卵白」とあり、凍結卵は使用目的に応じて選択できるので、無駄なく配合の組み立てができる利点がある。凍結全卵や凍結卵黄は、凍結によって卵黄中のリポタンパク質が変性するので、起泡性、熱凝固性、乳化性が低下するといった不利が生じる。

【乾燥卵】　乾燥卵は、脱脂粉乳や全脂粉乳と同じ方法で液卵から水分を取り除いたもので、「全卵」「卵黄」「卵白」の3種類がある。一般にベーカリーで使用するのは乾燥全卵であるが、乾燥卵白と乾燥卵黄を配合比のもとにブレンドすることは可能である。そして何よりも簡便性があり、嵩張らないのが最大の利点である。

　いずれの製品も、使用上の注意点をよく理解した上で、使用目的に応じて選択すること。

各材料のまとめ

材料			パン生地における主な機能性
基礎材料	小麦粉	損傷デンプン （84頁参照）	デンプンの糖化によるブドウ糖の供給源 優先的なデンプンの糊化対象
		健全デンプン （84頁参照）	部分的なデンプンの糊化対象 （残りは生地内にデンプン粒として残留）
		グルテン　グルテニン	グルテンの弾性を形成する （グルテンネットワークの形成）
		グルテン　グリアジン	グルテンの粘性、柔軟性を形成する （グルテンネットワークの形成）
	パン用酵母		生地膨張源としての炭酸ガス生成
	水		グルテンの形成に必須 デンプンの膨潤・糊化に必須
	塩		塩味を供給。生地の弾性強化
副材料	糖類		甘味を供給 酵素によって分解され、イーストの栄養源となる 加熱によるカラメル化がパンの焼き色に貢献
	乳製品		カルシウム、リジンなどの栄養添加
	油脂	固形脂	生地の柔軟性、伸長性向上
		ショートニング・液状油	生地のショートニング性向上
	卵	卵黄	カロチノイドによる黄色の供給、生地の乳化促進
		卵白	卵白タンパクの熱凝固によるパン生地の硬化促進 パンの保形力向上

パンづくりの
メカニズム（仕組み）

第1章でも述べたが、パンづくりは大別すると
3つのステージからなり、それぞれのステージは
パンづくりを構築する上で重要なメカニズムを持つ。

❶ パン生地ができるまでのメカニズム
　（ミキシング：小麦粉からパン生地へ）。
❷ 生地発酵と作業のメカニズム
　（パン生地の育成）。
❸ 焼成のメカニズム
　（パンの誕生）。

第2章では、この3つのステージについて、
それぞれ細かく解説を加えていく。

パン生地ができるまでのメカニズム

小麦タンパク質と小麦デンプン

　ミキシングの目的はそれぞれの材料を適正に練り合わせることで、最終的に「パン生地」という名の化合物に加工することである。ミキシング中に各材料の機能・特性は存分に発揮されるが、ここではパン生地の骨格となる、もしくは生地物性に大きく関わる「パン用小麦粉」について話を進める。主人公は、小麦粉の約70％を占める「小麦デンプン」と、約15％を占める「小麦タンパク質」である。小麦タンパク質には4種類のタンパク質（アルブミン、グロブリン、グリアジン、グルテニン）が含まれているが、中でもグリアジンとグルテニンはほぼ同量含有され、小麦タンパク質の80％強を占める。

　このグリアジンとグルテニンは水をよく吸収する性質があり、そこに物理的な力（ミキシング）が介在すると水と結合して、グリアジンは粘性を持った球状で単体の低分子となり、グルテニンは弾性を持った高分子ポリマー（直鎖状分子）となる。

　グルテンの1次構造のグリアジンとグルテニンの関係は、お正月のおせち料理に入っている「幾重にも重なった子持ち昆布」をイメージして良いだろう。ミキシングが進むことでこれらが2次構造（らせん状）、3次構造（立体）、そして4次構造（複合立体）となり、最終的に形成されたグルテン構造を「グルテンマトリックス（gluten matrix）」と呼ぶ。ミキシングによって十分に形成されたグルテン組織は、パン生地全体に縦横無尽に網を張り巡らし、パン生地の骨格をつくり上げる。グルテン組織は視診・触診できる薄い膜を形成しており、薄く伸ばした膜の裏側に指の腹を当てると指紋がはっきりと透けて見える。

　一方、小麦デンプンは水を吸収せずに、その

伸縮可能なビル

伸縮可能でーす！

グルテンビルディング！

まま生デンプン粒として、まるで生地中のグルテン間の隙間を埋めるようにぎっしりと混在している。建造物に例えれば、グルテンが躯体であり、デンプン粒は内外壁と言える。ただ、実際のパン生地は柔軟性があり、伸張性・伸展性に優れるので、次項（88頁〜）の「生地発酵と作業のメカニズム」でその特性をいかんなく発揮することとなる。

グルテンの複雑な構造

　グルテンの1次構造は、数種類のアミノ酸が500〜1000個、規則的に配列されている1本の線である。それが、各アミノ酸が右回転しながら、らせん状に水素結合を繰り返すことで高分子（2次構造）となる。このらせん状の構造は、「グルテンヘリックス」もしくは「グルテンスパイラル」と呼ばれている。

　さらに、この2次構造を複雑にするのが、還元基であるチオール（SH）基を持つ「システイン」と呼ばれる含硫アミノ酸である。ミキシングが進むことで、1本のグルテンに等間隔に複数存在しているSH基の「腕」を持つシステインが、他のシステインが持つSH基とジスルフィド結合（S-S結合）する。その結果、「システチン」と呼ばれる酸化型の化合物が生成され、グルテン間に架橋をつくる。この架橋が2次構造を持つグルテンヘリックスを捻じ曲げて、非常に密度が高い3次構造（折りたたみ構造）の網目構造を持ったグルテン組織を形成する。そして、最後にそれらが幾重にも重なり合う、またはグルテン同士が新たにジスルフィド結合することで、複雑で立体的な4次構造を持つ高分子に変化していく。

■アミノ酸のペプチド結合（1次構造）

　アミノ酸の「ペプチド結合」とは、アミノ酸同士が脱水縮合して形成される結合のこと。その結果、新たに生成される物質をペプチドと呼び、その縮合しているアミノ酸の数が2つの場合はジペプチド、3つの場合はトリペプチドとなる。また、多数のアミノ酸が縮合した場合はポリペプチドとなり、高分子化する。

■ グルテンヘリックス（2次構造）

　グルテンヘリックスとは、グルテンがらせん状に2次構造を形成することを指す。これはグルテンを構成するアミノ酸が水素結合するたびに右回転しながら、内側に約100°ずつ向きを変えるからである。すなわち最初のアミノ酸から3番目のアミノ酸までで300／360°＝5／6回転し、4番目のアミノ酸では400／360°＝10／9回転となり、1回転を超える。これが何回も繰り返されることでらせん状の2次構造が形成される。

■ 3次構造をつくる、同一分子間のジスルフィド結合

　グルテンにはSH基の「腕」を持つシステインと呼ばれる含硫アミノ酸が等間隔で存在する。ジスルフィド結合とは、それらのSH基（グリアジン由来）が同一分子間の他のSH基と酸化反応において、水素原子がイオン化するのでそれぞれの硫黄原子同士（S）が結合することを指す。このS-S結合が架橋となり、同一分子間のつながりを強めるとともにくびれをつくる。

ペプチド結合：
1次構造

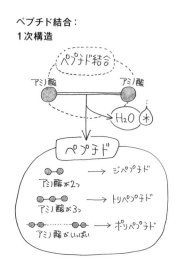

らせん状のグルテンヘリックス：
2次構造

■4次構造をつくる、他分子間のジスルフィド結合

　SH基を持つシステインはグリアジン由来のものだけではなく、グルテニン由来のシステインも存在する。それらのSH基を持ったシステインはグルテン分子の端末付近に位置しており、他のグルテン分子の端末に存在するシステイン（グルテニン由来）とS-S結合することでグルテンとグルテンが結合する。これにより隣のグルテン分子も巻き込んでより複雑な捻じれた関係を生み出すとともに、グルテンヘリックスも3次構造から4次構造へと変化する。また、高分子のグルテン同士が結合するので、当然その分子量も増幅してより高分子化する。例えば分子量が1万の分子と2万の分子が結合すると単純計算では3万となり、より強大な分子となる。

■ グルテンマトリックスとセル

　グルテンマトリックスとは、グルテンヘリックスがイオン結合、水素結合、ジスルフィド結合などが複合した結果、グルテン同士がランダムに架橋することで

ジスルフィド結合（グリアジン由来）：
3次構造

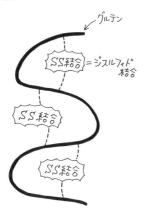

ジスルフィド結合（グルテニン由来）：
4次構造

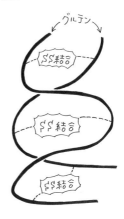

できる、網目構造を持つ立体的なネットワークのことを指す。そして、グルテンマトリックスを形成するグルテン間に生じる無数の微小な立体空間のことを「セル」と言う。パン生地の場合は、セルの表面にデンプン粒が二重三重に隙間を埋めるように存在しており、グルテン間にデンプンマトリックスを形成する。この構造により、骨格となるグルテンの柱と柱の間にぎっしり詰まったデンプンの壁（身）をつくることができる。もちろん、デンプン粒以外にもイーストやその他の原料分子も存在するので、グルテンマトリックスの中身は「ご飯とお惣菜がぎっしりと詰められた幕ノ内弁当」といったところである。

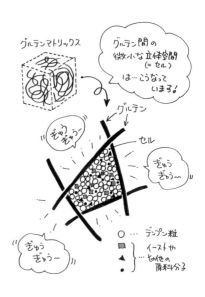
立体的なグルテンセルの中にデンプン粒、水分子などがギュウギュウと詰まっている様子

グルテンの弾性と抗張力の相関（グルテニンの働き）

　グルテンの弾性は、グルテニンの働きによるものである。完成したグルテンは、3次・4次構造を持つポリペプチド（多数のアミノ酸がペプチド結合した高分子）の集合体が密度の高いマトリックスを形成している。この段階で、各グルテンチェーンは緊張しているので、グルテンヘリックスがバネ化している。バネは一方向の張力や圧力に対して反対方向の抗力が働くので、復元性が高くなる。ただ、グルテンは時間の経過や温度上昇によって、グルテンチェーンが弛緩して柔軟性を取り戻す。これを「グルテンのリラクゼーション」とも呼び、弾性が弱化されると逆に伸長性や伸展性が向上する。

　グルテンの場合は、弛緩したグルテンに再び物理的な力（揉む、叩くなど）が加わると、そのグルテンは再び緊張して弾性を回復させる。すなわちグルテン

は疲労してその性質を失うまでは、緊張と緩和の繰り返しが可能であり、実際のパンづくりもグルテンが持つ弾性や抗張力の「緊張と緩和」の原理を応用している。

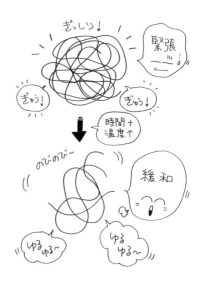

バネ化したグルテンチェーンと弛緩して
バネ全体が緩むグルテンチェーンの比較

グルテンの粘性は接着剤
（グリアジンの働き）

　グリアジンは、グルテニン（弾性）とはまったく正反対の性質を持つが、これはそれぞれの化学的な分子構造の違いから生じる。グリアジンは1本のポリペプチドチェーンが折りたたまれて、それぞれ単体で存在する。また、グリアジン分子は糸状に連珠するので、「柔らかくビヨーンと伸びる」性質がある。この「伸長性・伸展性」は、グルテンが持つ貴重な機能性の一つである。

　また、グリアジンはネバネバ、ベタベタといった「粘性」も併せ持つので、グルテン間やセル内にデンプン粒やその他の原料分子を接着する機能がある。これにより、パンの骨格となるグルテンの間にデンプン粒や他分子で密度の高い内壁をつくることが可能となる。

デンプン粒がパン生地を高密度にする

　ミキシングによって完成したパン生地中には、グルテンの多重構造によって形成されたセルが無数存在する。そして、セル表面やグルテン間の隙間には、デンプン粒を中心にゲル化したタンパク質や各材料分子がところ狭しと付着している。この目地効果により、パン生地は高密度となり、生地のガス保持力が高まる。言い換えれば、発酵中にイーストが生成する炭酸ガスのガス漏れを防止するから、生地が膨張できるわけである。

健全デンプンと損傷デンプン

小麦粉の70％強を占めるデンプンは、「健全デンプン」と、製粉時に生じる「損傷デンプン」に大別される。もちろん製粉条件によるが、全デンプンの85〜90％を占める健全デンプンは、10〜40μm程度の球状か、やや楕円球状である。一方、製粉時に小麦粒がロール機を通過する時に、圧力・せん断・摩擦熱などの物理的な力が加わることによって粒に損傷（開裂）が生じたデンプン粒を損傷デンプンと呼び、全デンプンの10〜15％を占める。

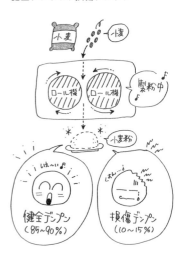

ロール機を通過する粒と
健全デンプン、損傷デンプン

意外なことに、この損傷デンプンがパン生地の発酵・膨張や生地物性に大きく貢献している。パン生地中に取り込まれた損傷デンプンは、傷や欠けた部分から多くの水を吸収し、小麦由来の糖質分解酵素、α−アミラーゼの力によって加水分解され、デンプンの高分子はデキストリンやオリゴ糖に分解される。さらに、デキストリンやオリゴ糖は、同じく小麦由来のβ−アミラーゼによって麦芽糖（二糖類：ブドウ糖＋ブドウ糖）に糖化される。この麦芽糖は、最終的に① イーストの栄養（イーストは糖化された麦芽糖を主たる栄養源として、それらを細胞内に取り込んだ後に分解して炭酸ガスとエタノールを生成する。それによって産出された炭酸ガスはパン生地の膨張源となり、エタノールはパンの風味や香味のもととなる）、② クラストの色付きの促進（これらの酵素によって糖化された麦芽糖やデキストリンは、パン生地の焼成時におけるメイラード反応やカラメル化の原資となり、パンクラストの色付きを助成する）、③ パン生地の軟化の助成（加水分解された麦芽糖はシロップのように液化した状態にあり、パン生地が軟化するので、結果パン生地の伸長性・伸張性の改善を助成する）、といった効果をもたらす。

なお、生地中の健全デンプンは、発酵中に生地内に存在する自由水を吸収することはなく、特に変化・変性はせずにその形状を維持する。製粉時に壊れなかった健全な生デンプンは、だいたい中心部に「粒心（hilum）」と呼ばれる水晶体の核を持つ。偏光顕微鏡で見ると、光が水晶体部分で反射・屈折して、「マルタの十字架（"Maltese" cross）」と呼ばれる十字架が浮かんでくる。このマルタの十字架は、デンプン粒が加熱により膨潤することで消えて見えなくなるので、糊化デンプンには見られないサインである。よってマルタの十字架は損傷デンプンでは見られない、健全な生デンプンの証とされている。

デンプンのもと（ブドウ糖）

　デンプンは、多くのブドウ糖（グルコース）がグルコシド結合（グルコース分子間で脱水縮合し、多糖類を形成する結合）した高分子多糖類である。その化学式はデンプン＝（ブドウ糖）n ＝ $(C_6H_{12}O_6)n$ となり、n ＝数百〜数千である。ブドウ糖1分子の分子量は180であるから、デンプンの分子量は大体10万〜100万となる。デンプン粒は多数のブドウ糖が結合したチェーンが毛糸玉のようにグルグルと巻かれた状態で存在し、表面は表層タンパク質で覆われているので疎水性を示す。また、大きさも大小さまざまで数μm〜数十μmと変化する。

多数のブドウ糖が結合した糸巻きボール　　　　グルコシド結合（α-1,4 結合）

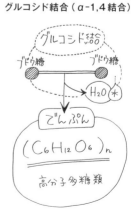

アミロースとアミロペクチン

　デンプンはブドウ糖（グルコース）のグル
コシド結合によって構成されているが、そ
の結合の仕方には2種類ある。一つは、
D-グルコースがα-1,4グルコシド結合に
よって直鎖状のチェーンがらせん状に巻か
れているアミロース（amylose）。もう一つは、
D-グルコースがα-1,6グルコシド結合に
よって枝状の分岐を含むアミロペクチン
（amylopectin）。それぞれの分岐にはブ
ランチ（小枝）となるアミロースのショート
チェーンが付帯している。小麦デンプンに
はアミロースとアミロペクチンが大体1：3の

割合で含まれている。平均的なアミロースはグルコースユニットが200〜2000個、
アミロペクチンは5000〜6000個程度で構成されている。もちろんこの数字は
デンプン粒の大小によって大きく変化するが、分子量が100万を超えるデンプ
ン分子は珍しくない。

■ α-1,4とα-1,6結合について

　六員環（一般的に亀の子型で表されている化合物で、中心になる原子が環状
に6個結合しているもの）の分子構造を持つブドウ糖は、炭素原子（C）が中心
となる。ブドウ糖を構成する炭素原子の一番右端に位置する原子を1位（C_1）と
して、時計回りに順に（C_2）（C_3）と続き、一番左端に位置する原子を4位（C_4）
となる。2つのブドウ糖がグルコシド結合する場合、一方が（C_1）もう片方が
（C_4）となって直鎖状にグルコシド結合するのでそれをα-1,4結合と呼ぶ。

　ブドウ糖が枝状に分岐する場合は、炭素原子1位（C_1）と6位（C_6）がグル
コシド結合するので、それをα-1,6結合と呼ぶ。

α-1,4 結合とα-1,6 結合の違い

⑥CH2OH

α-1,6 結合

⑤C — O

④C

③C — ②C

①C — O

α-1,4 結合

⑥CH2OH

⑥CH2

⑤C — O

⑤C — O

④C

①C

④C

①C

③C — ②C

O

③C — ②C

⑥CH2OH

⑤C — O

④C

①C

③C — ②C

デンプンのミセル構造

　枝状に分岐したアミロペクチンの枝分子に、アミロースの小枝分子がおよそ平行に並んだ分枝状態を「ミセル構造」と呼ぶ。加えてその分子間のところどころにアミロース分子が介在して、全体の分子が一体化している。生デンプンにおけるミセル構造は分枝間の間隔が狭くて高密度となり、糊化（α化）状態では分枝間の間隔が広がり低密度となる。さらに一度糊化したデンプンを冷却すると、再び分枝間の間隔を狭めて高密度となる。一度糊化したデンプンが生デンプンのミセル構造に近い状態に戻ることを、「デンプンの老化（β化）」と呼ぶ。

生デンプン〜α化デンプン〜β化デンプンのミセル構造の変化図

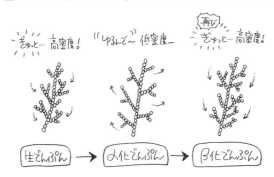

生地発酵と作業のメカニズム

微生物の圧倒的な数による力

　ミキシングにより完成したパン生地は、次に「発酵による生地の膨張」と「作業による生地の収縮」がほぼ交互に行われる第2ステージに突入する。そこでまず発酵のメカニズムを解く前に、読者の皆さんにお話しておきたいことがある。

　例えば、一般的な食パンを12斤分製造する場合、3kgの小麦粉が必要となる。そして対粉（3kg）2%の生イースト（60g）、2%の砂糖（60g）を配合した時、このパン生地中にはなんと6000億を優に超えるイーストが存在する。これらのイーストはアルコール発酵することで、生地中に存在する2%（60g）の砂糖を跡形もなく消費・代謝してしまう。この時点で、発酵生成物による炭酸ガスによって、パン生地は最低でも3〜4倍に膨張しており、そのガス量は優に数ℓを超える。要するにここで言いたいことは、60g（約6000億細胞）のイーストが2〜3時間でそれだけの量の炭酸ガスを生成するという事実である。微生物（μm）の世界は「数の原理」が絶対的な支配力を持ち、時にとてつもない力を発揮するという現実を感覚的に把握・理解していただきたい。

パン生地の膨張（イーストとグルテンの共同作業）

　ミキシングにより完成した生地は、イースト細胞が生地中の糖質を代謝してアルコール発酵をはじめるが、その前に生地中に残存している空気があるので、しばらくの間酸素を吸って炭酸ガスを吐き出すという呼吸（$O_2 \rightarrow CO_2$）をしている。ただ、少量の酸素を短時間で消費してしまうので、ここではあえて問わないことにする。

　ここで言うパン生地の膨張とは、イーストのアルコール発酵によって生成された炭酸ガスを、グルテンネットワークが保持することである。ゆえに炭酸ガスの量の増加はそのまま生地の体積の増加につながり、それらは基本的にはイーストの細胞数とその活性、アルコール発酵源としての糖質量に比例することになる。また、実際の製造工程では、必要なパン生地のボリュームを支えるために十分

な強度を持ったグルテンネットワークを形成する必要がある。それにより、最終発酵を終えたパン生地は、焼成中さらに膨張するのに必要なガス量を蓄えることができる。

ちなみに、イーストの寿命（活性期間）については生地温度などの要因にも左右されるが、一般的には生地をこね上げてからオーブンに入れるまで。

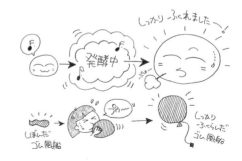

パン生地が発酵中にゴム風船のように膨らむ様子

イーストのアルコール発酵

イーストのアルコール発酵とは、簡単に言えば、無酸素下で単糖類のブドウ糖や果糖を消費・代謝して炭酸ガス、エタノールを生成することである。前述したようにパン生地中のアルコール発酵の場合、適度な条件下においては2～3時間の発酵時間で、パン生地の体積を数倍に膨張させるのに必要な炭酸ガスを得ることができる。さて、ここで一つ疑問が生じる。イーストはどのようにしてブドウ糖や果糖を得ているのであろうか？ パン生地における単糖類の提供元と、イーストがそれらをどのように代謝するかを探ってみた。

1）糖類が一切添加されないパン生地の場合

イーストのアルコール発酵に必要なブドウ糖を得るために、段階的なデンプンの糖化システムが必要となる。さらにイーストがブドウ糖を代謝して、炭酸ガスを生成するまでに30～40分は要するので、生地の膨張も遅くなる傾向にある。

まず、小麦粉中の損傷デンプンが、ミキシング時や生地の発酵中に、その損傷部分から水を吸収して水和・膨張して崩れやすくなるとともに、酵素活性が上昇する。小麦由来の糖質分解酵素、α−アミラーゼ：エンド型(註1)がデンプンを構成するアミロースとアミロペクチンのα−1,4結合部分にランダムアタックをか

け、デキストリンやオリゴ糖レベルにまで分解する。次に、β-アミラーゼ：エキソ型 (註2) がデキストリンやオリゴ糖の直鎖部分を非還元末端 (註3) から順序よく、ブドウ糖2分子の麦芽糖 (マルトース) ユニットに切断していく。β-アミラーゼは α-1,6結合の分枝部に突き当たるまで麦芽糖ユニットに切断するが、残ったデキストリンはリミット (限界) デキストリン (註4) と呼ばれ、パン生地中ではこれ以上分解されずに残存する。

　糖化された麦芽糖は、細胞膜の内側に存在する麦芽糖透過酵素によって、イーストの細胞内に取り込まれた後、マルターゼ (麦芽糖分解酵素) によってブドウ糖2分子に分解される。そのブドウ糖が最終的に解糖系酵素のチマーゼによって代謝され、炭酸ガスとエタノールを生成し、エネルギーを放出する。このエネルギーの放出により、発酵中に1時間あたり1～2℃の生地温度上昇が見込まれる。

損傷デンプン → (α-アミラーゼ) デキストリン → (β-アミラーゼ) 麦芽糖
→ (麦芽糖透過酵素＆マルターゼ) ブドウ糖
→ (解糖系酵素：チマーゼ) 炭酸ガス ＋ エタノール ＋ エネルギー

2）ブドウ糖、果糖、麦芽糖、転化糖をそれぞれパン生地に添加した場合

❶ ブドウ糖：ブドウ糖透過酵素がブドウ糖を細胞内に取り込んだ後、チマーゼによって代謝される。

❷ 果糖：果糖透過酵素が果糖を細胞内に取り込んだ後、チマーゼによって代謝される。

❸ 麦芽糖 (モルトエキストラクト)：麦芽糖透過酵素により細胞内に取り込んだ後、細胞内のマルターゼによってブドウ糖に解糖されてからチマーゼによって代謝される (註5)。

❹ 転化糖 (水飴など) やハチミツなどの天然糖：加水分解によってブドウ糖と

果糖に分解され、それぞれをブドウ糖透過酵素と果糖透過酵素によって細胞内に取り込んだ後、チマーゼによって代謝される。

3）ショ糖（砂糖）を添加した場合

　第1段階としてイーストの細胞膜の内側に存在するインベルターゼ（ショ糖分解酵素）が細胞外で活性化し、ショ糖をブドウ糖と果糖に分解する。次に、それぞれをブドウ糖透過酵素と果糖透過酵素によって細胞内に取り込んだ後、チマーゼによって代謝される。

（註1）エンド型酵素（α-アミラーゼ）は、高分子のデンプンを不規則に切断してデキストリンやオリゴ糖の低分子に分断する。

（註2）エキソ型酵素（β-アミラーゼ）は、直鎖状のアミロースやオリゴ糖をその還元末端から順に規則的に切断して低分子（麦芽糖）に分割する。

（註3）非還元末端とは、還元性がなく、安定した末端分子の構造を持つもの。それに対して還元末端とは、1本のポリマーにおいて、還元性を示す（酸化しやすい）末端分子が不安定な状態のもの。アミロースに例えると、一番右側に位置するブドウ糖分子の炭素原子（1位）が還元末端にあたり、一番左側に位置するブドウ糖分子の炭素原子（4位）が非還元末端となる。

（註4）リミット（限界）デキストリンは、デンプンを酵素分解したときの残渣のこと。α-アミラーゼで無作為に分解した時に、これ以上酵素分解されないものをα-リミットデキストリンと呼ぶ。次にデキストリンをβ-アミラーゼで糖鎖の非還元末端から2つ目のα-1,4グルコシド結合をエキソ型で逐次分解すると麦芽糖が産生される。直鎖型のアミロースに対する分解効率は高く、アミロペクチンに対してはβ-1,6グルコシド結合をしている分枝部で反応が停止し、麦芽糖とともにβ-リミットデキストリンが生成される。

（註5）モルトエキストラクトとは発芽大麦の抽出物で、一般にペースト状または粉末で流通している天然由来のパン品質改良剤（添加物）の一種。パン生地への添加目的は、①麦芽糖を主成分とするのでイーストの栄養源となる、②最終的に残存する麦芽糖はパンのクラストカラーを改善する、③小麦粉には存在しないイソアミラーゼ（枝切り酵素）やグルコアミラーゼ（アンカー型酵素）などの異性化糖分解酵素を豊富に含んでいるので、パン生地中に残存するリミットデキストリン（異性化糖）の糖化酵素として働く。その結果、幾分時間はかかるが、最終的にリミットデキストリンからブドウ糖を得ることができる。

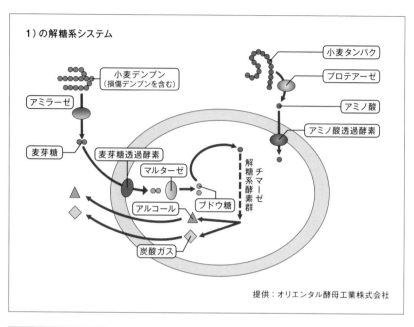

1)の解糖系システム

提供：オリエンタル酵母工業株式会社

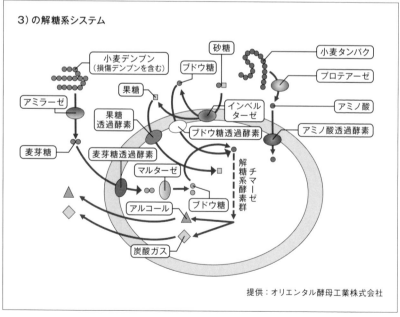

3)の解糖系システム

提供：オリエンタル酵母工業株式会社

糖質分解酵素のアミラーゼ群

　小麦デンプンは「アミラーゼ」と呼ばれるそれぞれの働きを持った酵素群によって、最終的にブドウ糖にまで糖化される。アミラーゼは、α-アミラーゼ、β-アミラーゼ、イソアミラーゼ、グルコアミラーゼ（グルコシダーゼ）の4種類に大別される。

　小麦デンプンの場合、まず、小麦由来のエンド型酵素、α-アミラーゼが、デンプン中のアミロースとアミロペクチンのα-1,4グルコシド結合部分を不規則に切断して、デキストリンやオリゴ糖に分解する。次に、同じく小麦由来のエキソ型酵素、β-アミラーゼが、特に直鎖型のデキストリンやオリゴ糖を非還元末端から順にブドウ糖2個ずつの麦芽糖ユニットに切断していく。そして、麦芽糖がイースト由来の麦芽糖透過酵素によってイーストの細胞内に取り入れられた後、代謝されて炭酸ガスとエタノールを生成する。

　ここで断りを入れるが、イーストのアルコール発酵に必要な麦芽糖は、この段階で十分に生成されていると考えられる。要するにα-アミラーゼとβ-アミラーゼの活性が強く、糖の分解能力にも優れているということである。また、「なぜα型のα-1,4グルコシド結合部分をβ型のβ-アミラーゼが切断できるのか？」という疑問に対しては、「β-アミラーゼは反転型（ミラー効果）の酵素であるからα型のグルコシド結合を切断できる」というのが答えである。

　さらに、残った分枝部を含むリミット（限界）デキストリンやオリゴ糖も、酵素型の添加物やモルトエキストラクトに含まれるイソアミラーゼ（枝切り酵素）が、アミロペクチンの分枝部にあるα-1,6グルコシド結合を枝切りするので、すべてを直鎖状の短いオリゴ糖に分解することができる。

　そして、最後にグルコアミラーゼ（アンカー型酵素）が真打登場とばかりに、α-1,4結合やα-1,6結合の非還元末端の分子からオリゴ糖や麦芽糖を、麦芽糖や単糖のブドウ糖に分解する。ここで生成された麦芽糖やブドウ糖は、イースト由来の麦芽糖透過酵素やブドウ糖透過酵素によってイーストの細胞内に取り入れられた後、炭酸ガスとエタノールに代謝される。ただ、この2次的、3次的な糖化システムは時間もかかるので、長時間発酵のパン生地の場合に機能

すると考えられる。

　以上、理論上は、これらのアミラーゼ群の働きによって、100万を超える分子量を持つデンプンを完全にブドウ糖と麦芽糖に分解することができる。実際のパン生地においてはかなりの量のリミットデキストリンが残存しているが、工業的にはこれらの酵素群を利用して、比較的容易にリミットデキストリンからブドウ糖を生産している。この一連の分解システムは「アミラーゼによるデンプンの糖化」と呼ばれ、アミラーゼ群はデンプンはじめ糖質の分解酵素として高く評価されている。

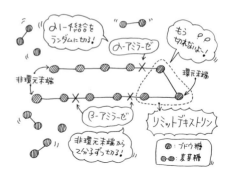

α-アミラーゼとβ-アミラーゼの働き（デンプンの糖化）

パン生地の酸性化（pHの低下）

　パン生地の発酵中には、大気中や小麦粉はじめ材料類に付着している乳酸菌や酢酸菌などの細菌類が、それぞれの代謝によって乳酸や酢酸などの有機酸を産出する。その結果、一般的な短時間発酵のパン生地では、2〜3時間の発酵でpH5.0〜5.5まで低下する。この数字は弱酸性から酸性あたりに位置するので、人の味覚の上ではさほど酸味を感じないレベルであり、生地中のグルテンの軟化もさほど進まない。ところが、長時間発酵させた中種や発酵種を使用すると、生地のpHが4.0〜4.5あたりに低下し、グルテンの軟化が進む。これにより生地の伸長性が向上し、結果としてパン生地が膨張しやすくなる。加えて生地のpHが4.5以下に低下すると、イーストが急速に活性化するので、それに伴いアルコール発酵も促進される。

　さらに、最終段階の生地のpHが4.2〜4.3を下回ると、焼き上がったパンは酸味を感じるレベルとなり、パンの抗カビ性も向上する。

パン生地の酸化

　生地の発酵が進むと、生化学的にはイーストのアルコール発酵や他の有効微生物の代謝も進むが、一方で生地の物性面も大きく変化する。代表的な化学反応として生地の「酸化」が挙げられるが、酸化が促進されると、生地表面の乾燥と生地の弾性が強化されることが、目視や触診によって容易に確認できる。その理由はどうもアルコール発酵によって生成される炭酸ガスにあるようだ。炭酸ガスがセル（気泡）内で一部は水に溶け、残りはガスとして、いずれもセルを形成しているグルテン分子を伸長もしくは伸張させる。その結果、他のセルを形成しているグルテン分子と新たな親・疎水結合やSH-SS交換を経てジスルフィド結合（S-S結合）を生み出していると考えられている。これらの化学反応により、生地中のグルテンネットワークにねじれやからみが生じて、より複雑な4次構造をつくり上げる。また、これはおまけ話であるが、最近ではプロテインジスルフィドイソメラーゼと呼ばれる小麦に含まれる酵素が触媒となり、SH-SS交換によるジスルフィド結合が存在するといった研究が進んでいるようである。

　いずれにせよ適度に酸化したパン生地は、ほど良い弾性のグルテンがより細かいグルテンネットワークを形成する。それにより生地のガス保持力と膨張力が向上し、焼き上がったパンはボリューム感のあるきめの細かいクラムを持つことは経験則によって証明されている。

パン生地の熟成

　パン生地は時間の経過とともに「熟成する」と言われるが、これは複合的な化学反応の結果と考えられる。

❶ イーストのアルコール発酵により生成される炭酸ガスとエタノールの存在。

❷ その他細菌類（乳酸菌、酢酸菌など）の発酵によって生成される有機酸（乳酸、酢酸など）の存在。

❸ 生地のpH低下によるグルテンの軟化とイーストの活性化。

❹ 生地の酸化促進によって、グルテンネットワークの多重化（高度な4次構造の構築）。

❺ 損傷デンプンが時間の経過とともに加水分解と酵素活性によって糖化（デンプン→ブドウ糖）。

❻ 毛細管現象や浸透圧による自由水の移動により生地の水和が促進。

❼ 他の材料分子の均一化。

　以上、考えられる範囲で箇条書きにしたが、中には相反する化学反応（酸化 vs.還元など）も存在する。要するにこれらの化学反応が複合することで、一言では表現できないほど複雑な現象が生じていることは事実であり、筆者はこれを「パン生地の熟成」と認識している。

　また、熟成段階には、未熟成＜適熟成＜過熟成とあり、未熟成の生地で焼いたパンは香味・風味に欠け、過熟成のパンはアルコール臭を強く感じる傾向にある。やはり適度に熟成したパン生地で焼いたパンは、パンのボリューム、クラムの食感や風味、クラストの色付きや香味などすべてにバランスの良さを感じられる。

生地中における水の形態

　水はミキシング中にさまざまな機能を果たすが、パン生地が完成した段階で生地中に混在する水は「自由水」と「結合水」に大別される。

　自由水は純粋な水分子として存在する水であり、特にイーストはじめ乳酸菌などの細菌類の活性化や損傷デンプンの加水分解に必要とされる。また、食塩や砂糖を溶解するための溶媒として機能する。

　結合水は主に、小麦タンパク質のグリアジン、グルテニンや糖質のペントザンなどに吸収され、それぞれグルテンやゲル状物質を形成する。当然、小麦粉の主成分であるデンプン粒の周りにも吸着し、それらはグルテンマトリックスのセルの中に閉じ込められた状態となり、結合水の状態を保つ。

生地発酵の後に行う主な作業

　通常、ミキシングが終わり生地発酵の後に行うのが、「パンチ」「分割・丸め」「成形」などの作業である。第1章の「パンづくりはスクラップ＆ビルド」（30頁）

を参照して頂ければ一目瞭然。「パンづくり」は「麺づくり」と同様で、他の料理や食品加工と比較すれば圧倒的に作業工程が少ないことに気付く。

　理由の1つ目は、パンは小麦粉の粉体加工品であるということ。2つ目は、生地だけで言えば、やはり基礎材料を中心に扱う材料が少ないということ。3つ目は、パンは発酵食品としての難しさややこしさはあるものの、基本的には焼き上がれば食品として完成するということ。ここが麺との相違点であると考える。麺の場合は麺が完成してからの3次加工が必要となる。麺は、うどんやラーメン、焼きそばなどのように、茹でる、煮る、炊く、炒めるなどの作業が追加される。

　パンの場合、パン生地はグルテンの緊張（作業）と緩和（発酵）と、それに伴う炭酸ガスによる生地の膨張によって「パンへの道」をたどる。すなわち段階的にグルテンの強化と炭酸ガスの産出量の調整をバランスよく行うことで、最終的にパン生地としてのガス保持力を高めていくわけである。

　グルテンの強化は各作業段階において行われるが、これはグルテンの緊張度（tension）もしくは作業硬化（work hardening）をどの程度高めるかということであり、作業を通じてグルテンを刺激することで、グルテンの緊張や生地の硬化を促すわけである。ただ難しいのが、硬い、柔らかい、伸びが良い、ベタつく生地といったそれぞれの生地の状態に合わせて、生地の扱いや作業の強弱を変化させる必要があるということ。刺激の伝達やグルテンの緊張度はさまざまであり、作業内容も生地by生地の対応が必要となる。このあたりがパンづくりの面倒なところであり、また面白みを感じるところであろう。

　以下に、生地発酵後に行う各作業のポイントを見ていく。

■ パンチ（ガス抜き）

　「パンチ（ガス抜き）」とは、ミキシング後、発酵・膨張した生地の発酵力の活性化と物性の回復を目的とする作業である。具体的に言えば、①イーストの活性化、②グルテンの弾性の回復である。

　生地が発酵・膨張すると、当然生地中には炭酸ガスとエタノールが充満する。

エタノールは低温で気化しやすく、かつ炭酸ガス同様に水にも溶けやすいので、グルテンネットワーク内の気体や液体に多く混じり込んでいる。イーストは自身でエタノールを生成するが、ある濃度を超えると自家中毒を引き起こして、その活性を著しく低下させる。それを防止する意味で、生地中の気体の放出と、エタノールが溶け込んだ水の分散化を図るわけである。

　また、生地の発酵・膨張が進むと、グルテンもそれにつれて伸長・伸展するので、徐々に弾性や抗張力を失い、それ以上のガス保持が不可能となる。それらを改善すべく、パンチ時に生地を叩いたり、引っ張ったり、たたみ込んだりして、再度のグルテンの緊張を促すわけである。それにより生地は復活を遂げ、次のステージへ成長していく。

■ 分割

　ひとまず生地の発酵を終えたら、次は「分割・丸め」の作業に移る。「分割」とは生地を一定の重量に取り分けることであるが、ここで重要なことは手作業であれ、機械を使うのであれ、できる限り分割速度を一定にして、短時間で作業を終えるということ。というのは、生地の発酵・膨張は分割中も継続しており、前半に分割した生地と後半に分割した生地の時間差が大きいと、生地の状態が大きく変化する。時間がかかればかかるほど、その後の「丸め」「成形」の作業においても生地の均一性を求めづらくなり、製品のブレにつながる危険度が高くなる。

■ 丸め

　分割を終えた生地は発酵により膨張しているので、特に生地表面のグルテンは弾性を失い、弛緩している。その生地を「丸め」によって、生地表面がパンッと張った状態にする。これは、①弛緩したグルテンを再び緊張させて、弾性と抗張力を持たせる、②丸形にしておけばグルテンの緊張を全体的に均一の状態に近づけられる、③丸形であれば成形時にいろいろな形に変化させやすい、という理由による。

■ ベンチタイム

　丸めで緊張したグルテンを再度弛緩させて、生地の伸長性・伸展性を回復させるのに必要な時間のことを「ベンチタイム」と言う。別名「リラクゼーションタイム」とも言う。通常15〜20分のベンチタイムで生地は一回り大きく膨張するとともに、グルテンが弛緩して伸長性・伸展性が回復しているので、「成形」の作業が無理なく行える。

■ 成形

　「成形」は最終的なパンの形を決める作業。十分にベンチタイムで休ませた生地を伸ばしたり、折りたたんだり、巻いたりして、棒状やロール状に形を整えること。ここでは生地に損傷を与えない程度に、作業によっては生地にストレスをかけて、テンションの高い生地に成形する。

　「分割・丸め〜ベンチタイム〜成形」は製パン工程の中で、時間的かつ作業的に最も密度の高い一連の流れである。実際の製パンでも作業部分の大半が凝集していて、発酵（B）→［分割・丸め（S）→ベンチタイム（B）→成形（S）］→最終発酵（B）とまさに「スクラップ＆ビルド」の縮図と言える。生地量によるが、およそ1時間以内という短時間にパン生地の緊張と緩和が繰り返される。この一連の工程によって、長時間の「最終発酵」と焼成時の窯伸びに耐えられるパン生地に鍛えることができる。

■ 最終発酵

　「最終発酵」とは、成形後から焼成直前までの最終的な生地発酵を指す。生地発酵の最後の難関とも言える最終発酵は、焼成時の窯伸び（焼成時のパン生地の膨張のこと）を考えて、適正発酵を見極めなければならない。最終発酵不足の場合、①生地中のガス量が低下すると窯伸びが悪くなるので、パンのボリューム（体積）に欠ける、②パンのボリュームが不足すると、クラストに焼きむらが生じる、③クラムのセル（気泡）も小さく目詰まりするので火通りが悪くなる。

　逆に最終発酵過多の場合、①生地中のガス量が過多となり、パンのボリュー

ムは大きくなるが、形が荒々しくなる、②クラムのセルも大きくなり、火通りは良いがスカスカとした食感の原因となる、③生地表面の過酸化による乾燥が激しくなり、クラストの褐変不足を引き起こす。

　以上のことを踏まえて適切な最終発酵の見極めを行うが、その判断基準となるのが、生地の体積（生地の膨張率）、生地表面の色相・光沢・湿潤、生地の弾性などである。ただ、パンの種類や配合、大小や形状の違いなどで判断基準も変化するので、ケースbyケースもしくはパンbyパンの対応が必要となる。

焼成のメカニズム

直焼き、プレート焼き、型焼き

　「焼成」は製パン工程の最終段階であり、パン生地を焼成することで初めて「おぎゃー」とパンが誕生する。焼成の目的は適温、適時間でパンのボリューム、クラスト、クラムを適正な状態に加熱することである。

　パンの焼成方法は「直焼き」「プレート焼き」「型焼き」の3種類に大別される。直焼きとはパン生地を直接炉床の上に置いて焼く方法で、最終発酵させた生地を一度スリップベルトにのせ、スリップベルトから炉床に移し変える。直焼きのパンはハード、セミハード系が多く、リーンな配合のためクラストの色付きが悪いので、焼成温度も高めの設定となる。また、窯入れ前後に蒸気を入れる場合が多く、パン生地の表面を一度湿らせてから加熱することでクラストをよりパリッとさせる効果を求める。焼成時間は、40〜50gの小型のものでも15分程度、300〜400gの中型のもので30分程度、700〜800gの大型のものになれば50分程度が目安であろう。もちろん生地の種類によって焼成温度と時間は変化するので適宜の調整は必要となる。

　プレート焼きは、成形した生地をプレートの上に並べてから最終発酵させ、必要なものは仕上げ（塗り卵など）をして窯入れして焼成する。プレート焼きのパンはソフト、セミソフト系のパンが多く、リッチな配合のためクラストの色付

きが良いので、焼成温度は直焼きのパンと比較すると低めの設定となる。40〜50gの小型のものであれば10分程度、150〜200gの中型のものでも20分程度が目安であろう。

プレート焼きの場合、大事なことは、同じ重量のパン生地でも形状が違うと焼成時間と温度が変化するということ。例えば、50gの丸形に成形した生地を上火200℃・下火200℃で焼成時間10分と仮定すると、棒状の成形では上火200℃・下火190℃で9分の焼成時間、板状や円盤状の成形であれば、上火190℃・下火180℃で8分の焼成時間となる。これは生地の形状の違いによって生地に浸透する熱効率の差を表している。薄くて平べったい成形の生地は火通りと色付きが早く、厚みがありずんぐりとした成形の生地は火通りと色付きに時間がかる。

型焼きは、成形した生地を型に入れ、最終発酵ののちに焼成する。型焼きにはオープン・トップでパンのボリュームを限定せずに焼くパン（例:山形食パン）、蓋をしてパンのボリュームを限定して焼くパン（例：角形食パン）に分かれる。通常オープン・トップのものは上火が生地表面に直接当たり、トップの部分のクラストの色付きが良くなるので、上火をやや低めに設定して焼成する。一方、蓋をして焼くものは、全面が型に覆われているので、上火・下火ともに同じ温度か上火をやや高めに設定して焼成する。これは蓋の内側が常に水蒸気で充満しているので色付きが悪いからである。一般的に角形食パンはオープン・トップの山形食パンより1〜2割焼成時間が長くなる。これは単純な理屈で、蓋のある分だけ、パンの上部からの熱の浸透に時間がかかるからに他ならない。

丸形、棒状、板状のパン生地に熱が浸透する様子

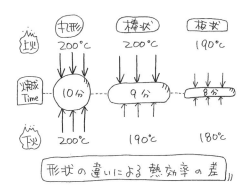

焼成中の生地の変化

　通常、最終発酵を終えたパン生地の芯温（中心部の温度）は30〜35℃である。生地は、オーブンに入れた直後から加熱されて徐々に生地温が上昇するとともに、さまざまな化学反応がはじまる。パン生地そのものは50℃前後になると流動性が増し、60〜70℃の間に急激に膨張する。そして80℃を超えるとパン生地の膨張が止まり、パンのボリュームが決定される。その時点でパンのクラストがしっかりと形成され、クラムも固化しはじめる。さらに加熱を続けると、92〜93℃以上でクラムがスポンジ状に完全固化し、クラストもこんがりきつね色に色付く。クラムの芯温が95〜96℃を超えると、余分な水分も蒸発して完全にパンが焼き上がる。オーブンから出したパンを、粗熱が取れた段階で焼減率（註）を計測してデータ化すれば、次回以降の参考になると考える。

　この項では、パン生地中の主たる化合物が焼成中に、温度上昇とともにどのように変化するのか、またどのような化学反応が起こっているのかを追ってみたい。

1) 炭酸ガスの膨張と流動

　生地中のセル（気泡）内に保持されている炭酸ガスが40〜50℃で膨張をはじめて、セルを構成しているグルテンに内側から圧力をかける。加えて、生地中の水に溶けていた炭酸ガスが急激に気化するので、グルテンネットワーク全体が緩み、パン生地に流動性をもたらすとともに膨張する。

2) 生地中に含有されている自由水の気化

　生地の温度が60℃を超えたくらいから生地中に含有されている自由水の気化が徐々にはじまり、80℃を超えると急激に水蒸気が発生して、パン生地全体を上面方向に押し上げる原動力となる。その後、95〜96℃で大半の自由水が気化する。

3）イーストの活性と死滅

　イーストは45℃付近で最大活性となり、アルコール発酵によって生成される炭酸ガスとエタノールの産出もピークを迎える。その後徐々に活性を低下させて、やがて60℃付近で完全に死滅する。

4）デンプンの糊化

　パンのクラムを形成するには必要不可欠なデンプンの糊化だが、実はパン生地中のすべてのデンプン粒が糊化できるわけではなく、一部のデンプン粒のみ吸水→膨潤→崩壊→糊化の過程を経て、糊化現象を起こすことができる。デンプンは"水飲み（water drinker）"なので、大半のデンプンが糊化するためには、デンプン量の10倍程度の水が必要となる。ちなみに、パン生地中のデンプン量と水量の関係は1：1程度が標準的で、デンプンにとっては非常に水不足の環境と言える。ゆえに、「どのデンプン粒が糊化するか？」は我々には特定できず、「神のみぞ知る」ということになる。

5）健全デンプンの変化

　生地中に存在する大半は健全な生デンプンである。健全な生デンプンは、生地の温度が40〜60℃になると徐々に水和しはじめ、60〜70℃になると熱変性によってグルテンから脱水された水を吸収し、膨潤が進む。70℃を超えると、グルテンの熱凝固の際にグルテンから離水した水分をデンプン粒が吸収するのでさらに膨潤する。この段階で、水に溶けたアミロースがデンプン粒から流れ出てデンプン粒はかなりふやけた状態になるが、外膜は存在するので球状を維持している。流出してゲル化したアミロースは、デンプン粒とデンプン粒の間や隙間を埋めるつなぎの役割を果たす。

　82〜83℃でデンプン粒は十分に糊化（α化）状態となり、さらに加熱されて80℃台後半になると、糊化デンプンに含まれる水が水蒸気となり放出されるようになる。やがて、デンプンの外膜が固まり、球形または楕円球形を維持するとともに、内部のミセル構造を持ったアミロペクチンがコンクリート化をはじめる。

95～96℃で大半の自由水が気化するので、デンプン粒は固化してグルテンとともにスポンジ状のクラムを形成する。これにより、パンの骨格と身ができ上がる。

デンプンの温度帯による糊化システム

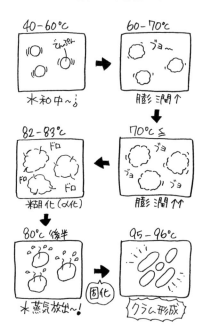

6) 損傷デンプンの変化

　製粉時にデンプン全体の10％程度生じる損傷デンプンは、その約半分がイーストの栄養源となる。これはミキシング時から焼成の前半までの発酵中に、継続的に起こるデンプンの酵素による加水分解に起因する。

　アミロースやアミロペクチンが小麦由来のデンプン分解酵素、α−アミラーゼによってデキストリンに、次にβ−アミラーゼによって麦芽糖（マルトース）に糖化される。その麦芽糖は、イースト由来の麦芽糖透過酵素によって体内に取り込まれた後に、マルターゼによってブドウ糖2分子に糖化される。最後に、解糖系酵素のチマーゼ群がそれらのブドウ糖を代謝して、無酸素下でアルコール発

酵する。その結果、発酵生成物である炭酸ガスとエタノールが生産され、パン生地の膨張源と、パンの香味成分になる。特にイーストと酵素が活性化する25℃から最大活性となる45℃付近までは爆発的に炭酸ガスが生成されるので、パン生地も急激に膨張する。また、イーストによって最後まで消費されなかった麦芽糖は、メイラード反応やカラメル化で消費されるのでパンクラストの焼き色の向上に役立っている。

損傷デンプンの50〜60％が麦芽糖に糖化されるが、残りはリミット（限界）デキストリン（多糖類）となる。リミットデキストリンは、加熱により生地中の水を十分に吸収して一種の粘りのあるゴム状の物質に変化する。そして、それらがグルテンやデンプン粒にまとわり付くように介在して、パンの補強材的効果をもたらす。

7）グルテンの変化

生地発酵中（25〜35℃）のグルテンは、粘弾性があり、抗力と抗張力が拮抗した状態にある。生地がオーブンに入れられ、生地温度が40〜60℃になると、グルテンは急激に伸長力を増し、非常に伸びやかになる。そして、60℃以上でタンパク質の熱変性がはじまり、75℃前後で完全にグルテンタンパク質が熱凝固する。それにより、セル（気泡）と生地の膨張が止まり、パンの骨格組織が固定される。さらに加熱されることで、余分な水分が蒸発して、強固で弾性のあるグルテンに固化する。付け加えれば、このグルテンがクラムのスポンジの弾性を保つ要因となる。

以上、パンを構成する上で、数種類の重要な化合物を中心に、温度上昇とともに生じる化学反応と、パンにおける役割を簡単に説明した。ご参考までに、次頁に生地の温度帯ごとの大まかな現象をまとめた。

■ 発酵中の生地の変化

【生地温度20〜40℃】

- 酵素による損傷デンプンの糖化：分解物は麦芽糖とリミットデキストリン
- イースト：アルコール発酵（炭酸ガスとエタノールを産出）
- グルテン：ガス保持と伸展・伸長

■ 焼成中の生地の変化

【生地温度40〜60℃】

- パン生地：流動性が増す
- イースト：活性化するが、60℃で死滅
- グルテン：ガス保持と伸展・伸長
- 生地中に溶存していた炭酸ガスの急激な気化

【生地温度60〜70℃】

- パン生地：急激に膨張
- 健全デンプン：糊化・膨潤
- グルテン：熱変性に伴う離水（グルテンからデンプンへ水の移動）
- リミットデキストリンのゴム化

【生地温度70〜85℃】

- パン生地：膨張が終わり、組織の固定、クラストの色付きがはじまる
- 健全デンプン：糊化・膨潤
- グルテン：熱凝固、骨格の形成

【生地温度85〜95℃】

- パン生地：クラストの色付き
- 健全デンプン：固化（パン組織の壁材）
- グルテン：固化（コンクリート化）
- 急激な水蒸気の発生と放出

【生地温度95℃〜】

- パン誕生へ

（註）焼減率とは、1個ないしは1本のパンの焼成後の重量を、それに必要とした分割時の生地重量から差し引いた重量を、もとの分割時のパン生地重量に対する百分率で表したものである。これはパン生地中の水分が焼成中にどれだけ蒸発したかを示し、焼減率の数字の大きい方が焼成中に蒸発した水分量が多いパンとなる。それによりパンの火通りの良し悪しやクラムのしっとり感を判断する一つの目安となる。例えば、バゲットの焼減率（20〜25％）と食パンの焼減率（10〜15％）では明らかに違う。各種パンの適正焼減率は「このパンはこれくらい水分を飛ばしたものが美味しい」といった経験値から導かれたものである。

焼減率（％）＝（分割時のパン生地重量 − 焼成後のパン重量）／分割時のパン生地重量×100

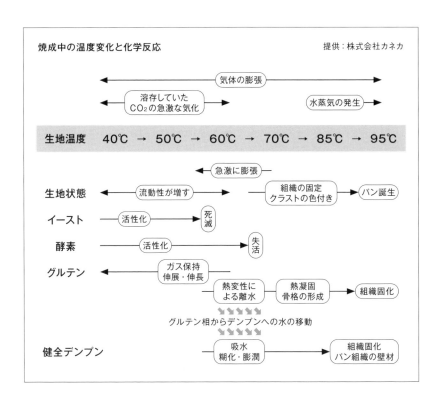

焼成のダイナミックス（熱の種類と熱伝導の関係）

　ベーカリーオーブンの熱源は電気とガスに大別され、今日ではそれぞれの特徴を生かしたオーブンの研究開発が進んでおり、能力的にはいずれも甲乙つけがたいと言える。ここでは基本的な焼成のシステム並びに熱の種類と熱伝導の関係について話を進める。

1）焼成に関係する炉内の熱の種類（三位一体の共同作業）

【輻射熱】　熱源や輻射板素材の影響が大きく、主に遠近赤外線（註）による効果が認められる。遠赤外線は主にパン生地の上部表面を照射し、近赤外線はパン生地の内部に浸透する。

【対流熱】　主に炉床下の熱源より発生する上昇熱気流によって生じる。その対流熱を利用して生地表面を全体的に照射する。

【伝導熱】　主に炉床下の熱源から炉床を通して、直接パン生地の底部から芯部にかけて浸透する。

2）温度と時間の関係

• 生地の種類（リッチ、リーンなど）、生地重量（大、小など）、成形の種類（丸い、平たいなど）によって変化する。

• 焼成方法（直焼き、プレート焼き、型焼き）の違いによって変化する。

3）焼成段階と主たる熱利用

• 焼成の序盤で伝導熱を利用（炉床からの伝導熱によりパン生地の窯伸びを求める）。

• 焼成の中盤で輻射熱を利用（遠赤外線の効果で、生地上部のクラスト部分を焼きむらなく色付ける。近赤外線

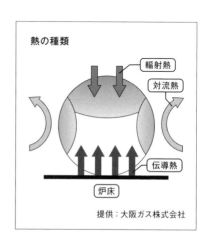

熱の種類

輻射熱
対流熱
伝導熱
炉床

提供：大阪ガス株式会社

の効果で生地中心部を加熱して、全体の火通りを調整する）。

- 焼成の中・終盤で対流熱を利用（側面を含めた全体的な色付きを調整する）。

4) 炉内の熱量について

- 炉内の熱量は、基本的に炉内の体積に比例して一定量を保てる方が良い。
- 炉内の熱容量は大きい方が良い。
- 炉内の気密度は高い方が良い。

　これらは「大は小を兼ねる」の論理で、焼成時のパン1個、1本あたりの熱量が大きくなるので、余裕を持った焼成が可能となるからである。

　以上、3種類の熱の種類とその主だった役割について簡単に説明をしてきた。実際のパンの焼成はこれらの熱が複合的に機能することで、パン芯部のクラムから表皮のクラストまでバランス良く焼成することが可能となる。これはまさに三位一体の熱の競演であり、金色に輝く芳香豊かな味わい深いパンの誕生には欠かせない要因となる。

（註）赤外線は、可視光線の赤色より波長（2.5〜4μm）が長く周波数が低い電磁波で、人間の肉眼では可視できない光線のこと。赤外線よりも波長（0.7〜2.5μm）が短く周波数の低いものを近赤外線と呼び、赤外線より波長（4〜1000μm）が長く周波数の高いものを遠赤外線と呼ぶ。遠赤外線は、炉内の材質（煉瓦・岩石など）もしくはハロゲンやアルゴンなどのヒーターや輻射板から照射される光線の波長や波形により生じる。

パン生地の窯伸び

　最終発酵を終えたパン生地をオーブンに入れると、しばらくするとパン生地がムクムクと膨張しはじめる。そして、最終的に一回りも二回りも大きくなったパンに焼き上がる。焼成中に生じるこの現象をパン生地の「窯伸び (oven spring)」と呼び、この窯伸びが最終的なパンのボリュームを決定する。すなわち、製パン工程の最終的なビルド・アップ (build-up)となるわけである。

　焼成は最終の重要なステージと言えるが、焼成のステージだけでそのパンの運命が決まるわけではない。例えば、パンのボリュームが出過ぎてクラムがスカスカの痩せたパンになることもあれば、逆にパンのボリュームが足りずに、クラムが目詰まりした重たいパンになることもある。また、クラストだけ色付いて、クラムのスポンジが生焼けになっていることもある。これらは、ミキシングによる生地づくりから最終発酵に至るまで、あらゆるステージにおけるパン生地の状態を起因とする。言い換えれば、適度に良い状態で窯伸びしたパン生地は、そこに至るまでの生地のコントロールが上手に行われたという証である。

　ここでは、状態の良い生地を焼成すると、どのように窯伸びするかについて考えてみたい。主役は何と言ってもイーストにグルテン、健全デンプン。準主役は損傷デンプン、ペントザン、リミット(限界)デキストリンなど。脇を務めるのが、水（水蒸気）、そして炭酸ガスと言ったところだろうか。

　最終発酵を終えた生地をオーブンに入れて2〜3分もすると、生地はすぐに変化しはじめる。以下、窯伸びのプロセスとして、生地温度とそれに伴う化学変化を追いかけてみたい。

【生地温度40〜50℃】

- 生地中に溶存していた炭酸ガスが急激に気化をはじめる。
- イーストは短時間に最大活性を迎えて、炭酸ガスを最大限に産出する。
- セル（気泡）を形成するグルテンが軟化する。

　上記の理由により、パン生地の流動性が著しく増加するとともに膨張をはじめる。

【生地温度50～60℃】

- 生地中のグルテンがさらに流動的になる。
- セル内に保持された炭酸ガスが急激に膨張する。

　上記の理由により、パン生地が急激に膨張する。

【生地温度60～70℃】

- 健全デンプンが糊化・膨潤して、グルテン層の間を壁材として埋める。
- α、βアミラーゼによって損傷デンプンが麦芽糖に分解された時に生じる残渣、リミットデキストリンが水を吸収してゴム化する。それらのリミットデキストリンがグルテン層とグルテン間にあるデンプン粒を取り巻くことでコーティング作用をなす。
- 小麦粉に3～4%含まれるペントザンが水を吸収してゲル化する。それらがグルテン層とデンプンの隙間を埋める。

　上記の理由により、パンの骨格と身（建物で言えば鉄筋の柱と柱を埋める壁材）が完全に形成される。これによりセルの膨張時のガス漏れが減少する。

【生地温度70～85℃】

- グルテンの熱凝固～固化。
- デンプンの糊化終了～固化。
- 水蒸気の急激な発生。最終的なパン生地の膨張。

　上記の理由により、パン生地の窯伸びが停止して、パンの基本構造がすべて固定される。この時点でパンのボリュームが決定される。

　パン生地の窯伸びは、生地温度が40℃前後ではじまり85℃前後で完了するが、そこには数々の化学反応が存在する。今回は生地膨張の要因となる化学反応の同時性があるので、各温度帯で生じる主な反応を記した。

第3章

パンづくりの
アルゴリズム（手順）

数学のアルゴリズムとは、ステップを追って実行すべき
「指示」の集まりであって、
次の三つの要件を満たしていなければならない――

❶ 各ステップにおいて、次に何を実行すべきか明確に指示されている。

❷ その指示にしたがえば、次のステップでシステムがどんな状態になるか
　 確実に予測されている。

❸ 有限回のステップを経たあと、システムは目的とされる状態に
　 かならず到達する。

以上は巻頭でご紹介した『空飛ぶフランスパン』（金子郁容著）より
引用した定義である。金子氏は「アルゴリズムと（パンや料理の）
レシピーの間にはいろいろな問題が詰まっているのではないか」
「フランスパンをつくるためのレシピーはアルゴリズムに似ている」とも
続けている。筆者はこの視点に注目し、その延長線上にある
「パンづくりのアルゴリズム」をできるかぎり、
具体的に加筆したいと考える。

ステージを構築するステップ

パンづくりの工程は大別すると3つのステージからなるということは、第2章で述べた。3つのステージをおさらいすると以下になる。

- 第1ステージ：パン生地ができるまで（ミキシング：小麦粉からパン生地へ）
- 第2ステージ：生地発酵と作業（パン生地の育成）
- 第3ステージ：焼成（パンの誕生）

各ステージは、いくつかのステップを踏んで成立する。ステップとは、①ステージの目的を完結するための連続したアクションの段階であり、②経験則のデータ分析により次の段階を予測することのできる段階である。また、③各ステップには、条件が整わないと、次の段階に進めないとされる重要点（クリティカルポイント）が存在し、④各ステップの完了は次のステップへのターニングポイントとなる。

この章では、パンづくりの3つのステージにそれぞれ必要なステップを細かく見ていく。なお、第1と第3ステージは単一のメカニズムとして捉えることができるが、第2ステージはいくつかのメカニズムの複合体である。時系列で整理すると、［生地発酵（フロアタイム）］→ 分割・丸め →［ベンチタイム］→ 成形 →［最終発酵］（［　］内は生地発酵）となる。よって第2ステージはそれぞれ順を追って簡単に解説を加えることとする。

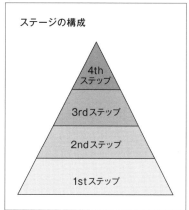

ステージの構成

4th
ステップ

3rdステップ

2ndステップ

1stステップ

パン生地ができるまでのアルゴリズム

　ミキシングの目的はパン生地の構築であるが、大きく分けて4つのステップを踏んで完成を迎える。ミキシング全体を通して中心となるのは、やはりパンの骨格をつくるグルテンネットワークの形成であろう。それに伴い、グリアジンの粘着効果によってデンプン粒がグルテン間のセル（気泡）や隙間に抱き込まれるので、パンの「骨格」と「身」が同時に構築される。結果、パン生地がガス漏れしないゴム風船の役割を果たすことができるようになる。言い換えれば、イーストが産出する炭酸ガスをセルの中に保持しながら、生地膨張が可能となる。

　生地づくりまたは生地ミキシングを簡単に言えば、材料の混合にはじまり、グルテンネットワークの形成とともに、段階的に生地の完成度を高めることである。ミキシングは、以下のステップを踏んで、完成を迎える。

・**1stステップ：混合～つかみ取り段階（Blend and Pick-up）**
　各材料が混合されて、一塊のパン生地の原型ができる。
・**2ndステップ：水切れ（水和）～進展段階（Clean-up and Developing）**
　すべての材料が均一に混ざり合い、生地の水和も完了して徐々にグルテンの形成がはじまる。
・**3rdステップ：結合～完成段階（Development and Completement）**
　グルテンネットワークの完成とともにパン生地が構築される。
・**4thステップ：麩切れ～破壊段階（Let-down and Break-down）**
　過剰なミキシングによりグルテンが断裂し、完成した生地が破壊される。

■ 1stステップ：混合〜つかみ取り段階

　小麦粉と水を中心に各材料が混ざり合い、一塊のパン生地の原型ができ上がる段階。「つかみ取り段階（Pick-up）」とも呼び、生地をつかんで引っ張るとボッソとちぎれる状態。生地の種類にもよるが、ミキシング時間で2〜3分が目安となる。

　1stステップで重要なことは、①各材料の混合が均一に行われている、②グルテンのつながりは若干であること、の確認である。ミキシング初期で最も大切なことは、水の機能性を十分に引き出すことができる、ゆっくりで緩やかなミキシングを行うことである。ミキシング開始早々にグルテンが形成されると、弾性が強く、伸長性に乏しい性質を持ったグルテンになりやすい。短時間に強い負荷をかけるミキシングを行うとグリアジンとグルテニンの水の吸収が減少し、硬いグルテンができるので注意が必要だ。加えて、損傷デンプンが水を吸収し、デンプン粒に水が吸着する時間を確保すること、食塩や砂糖の結晶体を溶かす時間を確保することも重要である。

■ 2ndステップ：水切れ（水和）〜進展段階

　1stステップ（混合〜つかみ取り段階）が確認できれば、2ndステップはやや強めで長めのミキシングが可能となる。ミキシングを続けていくとやがて「水切れ段階（Clean-up）」と呼ばれる、生地表面に遊離している水がなくなり、生地の弾性や伸長性が見られる状態となる。水切れ段階を迎えた生地は、グルテンネットワークを形成しはじめる。

　2ndステップ前半は、伸長性の良いグルテンをつくるため、ゆっくりとしたミキシングが好ましい。早い段階から強力なミキシングでグルテンに負荷をかけると、グルテンが緊張し過ぎて弾性や抗張力が強くなる。伸びの良いグルテンをつくり上げるには、徐々にミキシングを強めていく必要がある。

　2ndステップ後半には、比較的強いミキシングを行い、グルテンネットワークを拡張していく。この時点の生地状態は伸長性と弾性に富んでおり、生地表面はやや光沢を帯び、滑らかである。このあたりが2ndステップと次の3rdステッ

プのターニングポイントとなり、一般的に油脂を添加するタイミングとなる。

■3rdステップ：結合～完成段階

2ndステップ終了時に油脂を添加する理由は、ある程度グルテンネットワークが成長した時点で油脂を投入した方が、可塑性に富んだ油脂がグルテンをコーティングしやすいからである。

油脂の取り込みは3rdステップの前半2～3分で完了するが、油脂のスムーズな浸潤を考えれば、ゆっくり緩やかなミキシングが好ましい。その結果、グルテン間に油膜が形成され、グルテン同士の摩擦が少なくなり、パン生地の伸長性や柔軟性が改善される。これが可塑性油脂類の特徴であり、それらを「被膜（コーティング）効果」と「潤滑（リュブリケーション）効果」と呼ぶ。

油脂の取り込みも完了し、3rdステップの前半ではほぼグルテンネットワークが完成する。その時にネットワークによってつくられたセル組織にデンプン粒が抱き込まれる。加えて、セルとセルの隙間にも損傷デンプンやゲル状物質がべったりと張り付いて、隙間を埋める目地代わりとなる。3rdステップの後半では高速で強めのミキシングを行う。そうすることで、生地の伸長性と伸展性、そして弾性がバランス良く保たれ、密度の高い網膜状組織に仕上がる。

この時点で、グルテンネットワークには、あらゆる材料分子、合成や生成された化合物などが均一に分散・拡散している。また、4次構造を持ったグルテンネットワークが生地全体を網羅することで、生地全体がゴム風船となり、その後の生地の発酵・膨張に大きく寄与する。

■4thステップ：麩切れ～破壊段階

完成した生地をさらにミキシングした場合、生地は「麩切れ段階（Let-down）」を迎える。オーバーミキシングによってグルテンの弾性が極端に弱まり、腰が抜けたダレダレ状態となる。生地を手に取って引っ張ると「びよーん」と伸びる感じである。加えて、生地に過度な振動や負荷がかかることで、生地中の自由水が離水して生地表面に滲み出すので、ベタベタした生地となる。

ただ、程度によっては適切な処理を施せば生地の修復は可能である。有効な方法としては、①オーバーミキシングにより生地温度が30℃を超えている場合がほとんどなので、ミキサーボウルを冷却しながら低速でミキシングを続けて生地温度を27〜28℃まで下げる、②生地表面のベタベタ感を改善すべく、その生地を数分間リラックスさせた後、パンチしてから発酵させる、などがある。

　麩切れ段階がさらに進むと、理論上生地は「破壊段階（Break-down）」を迎えるが、現在の小麦粉の品質と通常のミキサーを使用する限り5〜10分のオーバーミキシングでは実現しない。ただ、例外として意図的かつ物理的に破壊段階の生地を使用したパンがある。現在はわからないが、それは1970年代にアメリカのハンバーガーのバンズ用に開発された製法で、独特のソフト感とボソボ

グルテンの形成までの３段階の写真

	引っ張った生地の様子	薄く伸ばした生地の様子
1段階目		
2段階目		
3段階目		

ソ感を兼ね備えたバンズの製造を目的としたミキシング法である。一度完成した
生地を高速のカッターミキサーであえて"ズタボロ"にした後、分割・丸め → 発
酵 → 焼成の工程によって製造するものである。この製法は生地発酵を省略して
いるので、当然のことながら、生地に乳化剤、酸化剤、還元剤、防カビ剤など
が添加されていた。まさにケミカル・バンズである。では、「日本のバンズは大
丈夫か?」と言うと、筆者の知る限り、パン生地を「完成段階」以上「麩切れ段
階」以下にオーバーミキシングするだけである。要するにグルテンの弾性を弱めて、
伸長性を高めることで、あの軽やかな食感とソフト感を演出している。というわ
けで、読者の皆さまは安心してハンバーガーを召し上がって頂きたい。

生地発酵と作業のアルゴリズム

　第2ステージは、［生地発酵（フロアタイム）］→ 分割・丸め →［ベンチタイム］
→ 成形 →［最終発酵］（［ 　］内は生地発酵）の工程順に、「発酵」と「作業」
が交互に展開される。ここでは、それぞれの工程のアルゴリズムを解説する。
なお、第2ステージを通じて共通のキーワードは「スクラップ＆ビルド」である。
生地発酵は次の3つのステップにより完成する。それぞれに解説を加えていく。

- **1stステップ：発酵の予備段階（Initial fermentation）**
  発酵前半は生地の膨張は見られない。
- **2ndステップ：発酵の加速段階（Accelerated fermentation）**
  発酵半ばに生地の膨張率が上昇する。
- **3rdステップ：発酵の減速段階（Decelerated fermentation）**
  発酵後半には生地の膨張率が減少する。

　ミキシングの終了と同時にイーストのアルコール発酵がはじまるが、理論上は
ミキシング中から発酵がはじまるとされている。これは重要なポイントなので、

ミキシングとイーストのアルコール発酵の関係について少々話を戻したい。

　通常、業務用ミキサーを使用する場合は、ミキサーのタイプや大小を問わず、20分以内にミキシングを完了することを目標とし、特殊な場合でも30分以内に完了する。これはなぜかと言うと、実験レベルの最適環境下で20分、一般的には30分を超えたあたりから、発酵によって生成される炭酸ガスが産出されるからである。ガスを含んだ状態でミキシングすると、そのガス空間のクッション効果でミキシングが弱まり、グルテンの形成を妨げるので、生地物性が著しく変化する。必要以上にガスを含んだ生地は、グルテンの弾性と伸長性の乏しい「ボソボソ」「フカフカ」といった感じの生地にこね上がる。このような生地は、その後の生地発酵の管理において、適正な生地状態の判断が難しくなる。

　もう一つ重要なことは、生地の発酵・膨張には時間の経過が深く関与しているということ。考えてみれば単純極まりない現象であるが、「発酵には時間が必要である」かつ「時間とともに生地は姿を変える」。つまり、「発酵」と「時間」には相関関係が存在するということ。相関関係には正と負の関係が存在し、正の相関は比例するので$Y \propto X$となり、負の相関は反比例するので$Y \propto X^{-1}$となる。ここで生地の発酵・膨張に直接影響を及ぼす要因となるイーストの量と生地の温度について考えてみたい。

- イースト量並びに生地温度と発酵速度は正の相関となるので、以下の関係となる。

　イースト量↑or↓→発酵速度↑or↓ ／ 生地温度↑or↓→発酵速度↑or↓

- イースト量並びに生地温度と発酵時間は負の相関となるので、以下の関係となる。

　イースト量↑or↓→発酵時間↓or↑ ／ 生地温度↑or↓→発酵時間↓or↑

　これは生地の発酵速度と膨張率の基本原理となるので、今一度確認していただきたい。

■1stステップ：発酵の予備段階

　イーストがアルコール発酵を行うためには、前段階として、無酸素下で単糖類のブドウ糖や果糖を得る必要がある。それには、損傷デンプンをはじめ各種糖（ブドウ糖、果糖、麦芽糖、ショ糖）を、糖化酵素や透過酵素の力を借りて、細胞内に取り込まなければならない。その後、細胞内でブドウ糖や果糖は代謝され（アルコール発酵）、炭酸ガスやエタノールを生成する。

　イーストが炭酸ガスを産出するには一定の時間を要することになる。適温・適湿プラス各種糖類が一定量添加された時に、例えば一つの目安として、炭酸ガスの産出される開始時間は、①ブドウ糖：20分、②ショ糖：30分、③糖類の無添加：40分程度となる。

　糖の種類、糖の添加・無添加によってなぜ時間が変化するのか？　それは、①イースト内に存在するブドウ糖透過酵素がブドウ糖を細胞内に取り込んだ後、チマーゼによってブドウ糖を代謝する、②イーストの細胞膜の内側に存在するインベルターゼ（ショ糖分解酵素）が細胞外で活性化し、ショ糖をブドウ糖と果糖に分解する。次に、それぞれをブドウ糖透過酵素と果糖透過酵素によって細胞内に取り込んだ後、チマーゼによってブドウ糖と果糖を代謝する、③糖類が添加されていない場合は、まず、損傷デンプンを液化型酵素のα-アミラーゼがデキストリンに分解した後、それらをβ-アミラーゼが麦芽糖に糖化する。次に、麦芽糖透過酵素が麦芽糖を細胞内に取り込むと、マルターゼがそれらをブドウ糖に糖化する。最後に、チマーゼがブドウ糖を代謝する。①、②、③の時間差は、要するに、イーストが代謝物（単糖類）を得るまでの「どの程度手間暇がかかったか」によって生じるものである（89頁参照）。

　1stステップでは、残念ながら生地の膨張が目視では確認できない。ただ、イーストはじめ酵素群が水面下でしっかりと活躍していることを認識して頂きたい。そして、生地内に炭酸ガスが充満すると生地の膨張がはじまり、ここが生地物性のターニングポイントとなる。重要なことは生地膨張開始時の生地状態であり、生地表面が湿り気を持っており、指先で生地を軽くつまんで上部に引っ張ると素直に伸びる程度が望ましい。これはその生地が、その後膨張するにあ

たり、グルテンの十分な伸長性を持ち合わせていることを示している。

■ 2ndステップ：発酵の加速段階

2ndステップは「生地の膨張」が最大のテーマであり、生地の完成後30分程度で膨張が開始する。1st ステップでは見られなかった生地膨張が、2ndステップでは目視により簡単に確認できる。これはイーストが円滑及び潤沢にブドウ糖や果糖を代謝して、アルコール発酵していることを示している。もちろん諸条件にもよるが、例えばストレート法の場合、パン生地はこね上げ直後の生地体積の3～4倍膨張する。ただ、実際のパンづくりにおいては、むやみやたらに生地を発酵・膨張させれば良いというものではない。やはり何度も繰り返すが、ケースbyケース、生地by生地によって適正に発酵・膨張させる必要がある。

生地の発酵・膨張のコントロールは、①生地のデベロップメント、②発酵時間または発酵速度、③膨張率、によりバランスが保たれている。適正な生地膨張がなぜ大切かと言うと、最終的にパンのクラムの大半を占めるスポンジ（海綿体組織）が2ndステップで形成されるからである。こね上がった生地には無数の微細なセル（気泡）が存在し、発酵中にそれらのセルが炭酸ガスを保持することで膨張する。さらに発酵中に生地の酸化が進み、ジスルフィド結合（S-S結合）も増加するので、生地全体がさらに3次から4次構造に進化し、より立体的な網目状のスポンジに変化する。このスポンジを形成するグルテンが、焼成中に70～80℃で熱凝固する。十分に水を含んだグルテンは、凝固後も柔らかな弾性を保ったまま、クラムのスポンジを保形することができる。

クラムのスポンジは家庭で使用する食器洗い用のスポンジをイメージしていただくと良いだろう。化学繊維の代わりがグルテンであり、グルテンが取り巻く気泡の集合体がスポンジそのものとなる。パンの種類や程度の差はあるが、パンには上から軽く押さえても反発してもとの姿に戻ろうとする復元性が見られる。それはクラムのスポンジを形成するグルテンが弾性を失っていない証であるが、生地の乾燥とともに徐々に復元性を喪失していく。

■ パンチ（ガス抜き）

- 1stステップ：パンチ（ガス抜き）の直前に以下の確認を行う。

① 目視による、適正な生地の膨張（3〜4倍）と生地表面の光沢と湿り気の確認。

② 触診による、軽く押さえて戻る程度の弾性の確認。

- 2ndステップ：生地を作業台に取り出し、生地を押し広げながらパンチを行う。この時、生地の状態により、パンチの強弱を決定する。

- 3rdステップ：速やかにその生地を折りたたみ、発酵容器に戻す。

■ 3rdステップ：発酵の減速段階

生地の発酵が進み、発酵・膨張のピークを迎える頃になると、発酵の速度が減速する。これは、① 栄養（ブドウ糖、果糖）の減少、② イーストの自己消化による活性の低下、③ グルテンの弾性や柔軟性の変性、などの理由による。

① は、単純にイーストが代謝するブドウ糖や果糖の減少によるものであり、糖化されるもとになる糖類の消耗による。

② は、イーストのアルコール発酵が進むと、同時にイーストの自己消化も進む。自己消化が起きる条件は、エネルギー源の不足やpHの上昇（pH5以上）、生地温度の上昇（35〜45℃）、生地中のエタノール濃度の上昇（10％前後）などが挙げられる。それらの条件が重なると、2〜3時間で自己消化が起こり、細胞が融解する。エタノール濃度とは、イーストがアルコール発酵する際に、炭酸ガスとともに生成するアルコールの濃度。エタノールはイーストの細胞膜を透過

こね上がり直後と
パンチ前の比較

番重による比較

ビーカーによる比較

どちらの写真も左側が発酵前、右側が発酵後（パンチ前）の様子

パンチの作業写真

するので、自己消化を早めて
細胞組織が崩れやすくなる。
最終的に各種酵素によって自
己融解した後に生じる残渣は、
主にアミノ酸、ヌクレオチド、
グルタチオンなどである。アミ
ノ酸やヌクレオチドは微量だ
が、パンの風味に貢献し、グ

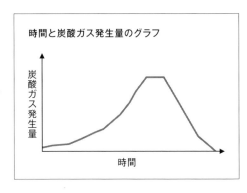

時間と炭酸ガス発生量のグラフ

炭酸ガス発生量

時間

ルタチオンは還元剤効果を持つので、パン生地の軟化に一役買う。よく言われる
イーストのアルコールによる自家中毒とは、前述の自己消化のことであるが、自
分でつくったエタノールで自身が消化・融解されるのは何とも皮肉な話である。
パン用酵母は、酒造用酵母と違い、炭酸ガスは大量に産出するがアルコールに
は弱いタイプであるので、致し方ないのであろう。

　③のグルテンの弾性と柔軟性の喪失については、これは伸び切ったゴムひも
や輪ゴムを想像していただければ、簡単に理解できる。要するにこの状態のグル
テンはこれ以上炭酸ガスを保持する力もパン生地を保形する力も残っていな
いということである。

　さらに発酵が進むと生地表面のグルテンネットワークが崩壊しガス漏れが生じ
るので、現象としてパン生地はややしぼむ（体積の減少）。通常これを「種落ち」
と呼び、過発酵または過熟成のサインとなる（124頁写真参照）。これらの生地
は表面が乾いてカサカサしており、生地の中央部が月のクレーターのように凹ん
だ状態となる。そこで、生地発酵のピーク時の状態を把握するために、生地表
面の光沢と湿り気を目視で確認、指の腹もしくは「指穴テスト」（124頁写真参照）
を用いて触診による生地の弾性などを確認することで、適正発酵の判断材料と
している。

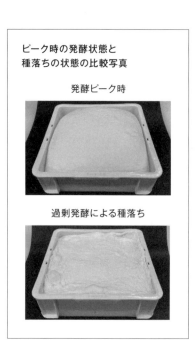

ピーク時の発酵状態と
種落ちの状態の比較写真

発酵ピーク時

過剰発酵による種落ち

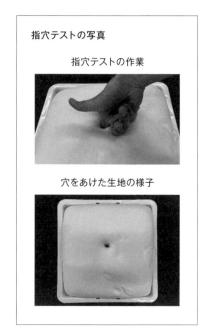

指穴テストの写真

指穴テストの作業

穴をあけた生地の様子

■ 分割・丸め

- 1st ステップ：生地を分割する直前に以下の確認を行う。

① 目視による、適正な生地の膨張（3〜4倍）と表面のわずかな光沢と湿り気の確認。

② 触診による、生地表面にわずかな弾性と伸長性の確認。

- 2nd ステップ：正確かつ速やかに分割を行う。
- 3rd ステップ：先入れ先出しで速やかに丸めを行う。

分割・丸めの作業写真

分割作業

丸め作業

■ ベンチタイム

• 1stステップ：目視により生地のテンションを
確認する。ベンチタイムは通常10〜20分程度
と短時間ではあるが、生地発酵は継続されて
いるので、生地は1.5〜2倍程度に膨張する。
キーワードは「ベンチタイム＝生地発酵」。

• 2ndステップ：生地のリラクゼーションタイム。
丸め時に緊張したグルテンネットワークの伸長
性の回復を触診において確認。生地を軽くつま
んで引っ張ると少し伸びる状態。キーワードは
「緊張と緩和」。

ベンチタイム前後の比較

丸めた生地の比較

ビーカーによる比較

どちらの写真も左側がベンチタ
イム前、右側がベンチタイム後の
様子

■ 成形

• 1stステップ：ベンチタイム終了時の生地の状態を確認する。

• 2ndステップ：各種成形法に応じて、先入れ先出しで速やかに成形する。

■ 最終発酵

　最終発酵のピークの見極めは、生地温度と発酵時間、そして最終的には目視
と触診で判断する。

最終発酵前後の比較写真

| ローフ・ブレッド（山形タイプ） | ローフ・ブレッド（角形タイプ） | ビーカーでの比較 |

いずれの写真も左側が最終発酵前（成形直後）、右側が最終発酵後の様子

焼成のアルゴリズム

　パン生地の加熱方法には「焼く」「揚げる」「蒸す」の3種類があり、最近では
あまり耳にする機会がないが、昔の職人さんはよく「焼きパン」「揚げパン」「蒸
しパン」と加熱方法別に区別して呼んでいた。

　焼きパンは、オーブンで焼いたパンのことで、大半のパンはこれに当たる。
揚げパンは、油で揚げたイースト・ドーナツやカレーパンのこと。蒸しパンは、
一般的には蒸し器で蒸したアルプスや三角蒸しパンのこと。蒸しパンは、ベー
キングパウダーなどの化学膨張剤で膨化させたものだから、厳密に言えば「蒸
し菓子」と言った方が良いのかもしれない。

　日本では、パンをオーブンで焼くことを「焼成」と呼び、「焼く」＝「Bake：
ベイク」、「焼くこと」＝「焼成」＝「Baking：ベーキング」となる。なぜ、くどく
どとこんなことを言うのかと言うと、日本のパン用語は難しいし、古臭い表現が
多い。多分、明治以降に翻訳した人が、例えば「ミキシング」＝「混捏」、「最
終発酵／発酵器」＝「焙炉」などと記したのであろう。辞書をひも解くと、「焼成」
の意味・解説の一番目には必ず「陶器製造の最終工程で高温加熱すること」と
ある。実際、それが「肉や魚を焼く、パンや菓子を焼く」ことでないことに何と
なく違和感があるが、話がややこしくなるだけなので本著では「焼成」で統一
表現としたい。

　「焼きパン」加工の最終段階が「焼成」であり、通常はオーブンを使用して加
熱される。実際にパン生地をどのように、どの程度加熱してパンを焼き上げる
かは、焼成温度と時間によって決定される。焼成の「こつ」はその温度と時間
のコントロールにあるといっても過言ではない。

　焼成は序盤、中盤、終盤の3段階（ステップ）に分かれ、時間的にも各段階
は概ね3分割される。生地は焼成中に徐々に変化していくが、目視で確認でき
る生地変化は、生地の膨張と色付きだけである。残念ながらパン生地の内部は
覗くことができないので、それをカバーするためには知識と想像力が必要である。
以下、各ステップの想像力を掻き立てるための、内部事情をお伝えしよう。

■1stステップ：生地の軟化と流動化の段階

　大半の生地は、オーブンに入れる直前の芯温が30〜35℃の範囲に位置する。オーブンに入れた直後から生地の表面がブヨブヨになり、生地が一回り大きくなる。その後、熱で生地表面が乾燥するので表面がパンと張った感じになる。しばらくはその状態が続くが、よく観察すると生地表面がかすかに振動しているように見える。理論上、生地中のイーストは45℃くらいまでは活性化しており、60℃で死滅するまでアルコール発酵による炭酸ガスの生成が可能である。よってその間に生地が膨張するという説もあるが、実際小型パンで2〜3分、大型パンで10分程度の焼成時間内にどの程度炭酸ガスが生成されているかについては定かでない。

　1stステップでは生地温度の上昇とともに生地は軟化し、流動化する。そして、生地内部は以下の化学反応が起きる。①生地温度が上昇することでグルテンの弾性が緩み軟化する、②砂糖水は完全に液化して転化糖となるので生地の粘性が増す、③油脂類は融点を超えるので完全に液状の油に変化する、④糖質分解酵素が活性化するので損傷デンプンが糖化して液化する。それらの結果、生地はペースト化し、一回り大きくなるが、これは生地中の水に溶けていた炭酸ガスの急激な気化によるところが大きい。

　なお、1stステップの終盤では生地表面全体が陽炎のようにユラユラしているように見えることがある。これは、生地から蒸発した水蒸気の層がパン生地の表面を覆うようにコーティングするからである。大事なことはこの現象が2ndステップへのターニングポイントであり、サインであるということだ。

パン生地の表面を
水蒸気の層が覆っている様子

■2ndステップ：生地膨張とクラスト形成の段階

　2ndステップでは、生地がグングンと膨張する様が目視ではっきりと確認できる。また、生地表面の頭の部分がうっすらと茶色に色付く。生地温度が60〜80℃の間で、生地はその体積を3倍にも4倍にも膨らませる。

　2ndステップでは生地温度の上昇とともに、気体（炭酸ガスや水蒸気）の膨張によって生地が膨らみ、生地内部では以下の化学反応が起きる。①グルテンの伸長とガス保持、②一部健全デンプンの膨潤と糊化、③グルテンの熱変性に伴う離水（グルテンからデンプンへ水の移動）、④リミット（限界）デキストリンのゴム化、⑤ペントザンが水を吸収してゲル化、これらが交錯することでパンの基礎構造（クラストとクラムなど）を形成する。

　なお、2ndステップの終盤ではオーブン内に水蒸気が立ち上るので、オーブンの扉の隙間からうっすらと水蒸気が漏れてくるのが、大抵の場合は目視によって確認できる。大事なことは、この現象が3rdステップへのターニングポイントであり、サインであるということだ。

■3rdステップ：生地の色付きと火通りの段階

　生地の表面が、頭の部分からだんだんと側面の部分まで、焦げ茶色に色付く。中心部まで十分に加熱されると、すべての組織が固化してパンのクラストとクラムが形成される。生地温度が70〜85℃で、①グルテンの熱凝固、②デンプンの糊化、が終了し、最終的なパン生地のボリュームが決定される。そして、生地温度が85〜95℃で、生地中の余分な水分が急激に気化して生地外に放出される。それに伴い、グルテンや糊化デンプンと膨潤したデンプン粒が固化する。最終的にクラストの炭化が進み、クラムが完全にスポンジ化して生地の焼成が終了し、パンが誕生する。

山形食パンと角形食パン

　山形食パンと角形食パンはいずれも生地を型に入れて焼くため、焼成中の生地の変化を見ることができない。すなわち素焼きのパンと比べると、目視による判断基準が少ないことによる難しさが生じる。山形食パンはオープン・トップであるから、型より上に膨張した部分は目視によって確認できる。一方の角形食パンは蓋付きの型に生地を入れて焼成するので、目視による生地確認がまったくできない。すべては経験則によるデータ頼りとなる。型に入れる生地重量にはじまり、焼成温度や時間といった焼成条件の過去のデータの集積が非常に重要となる。以下参考までに、山形食パンと角形食パンの製造に関連する指数を紹介する。

■ パンの比容積

　「パンの比容積」とは、一定重量の生地が最終製品においてどの程度膨張したかを示す指数である。焼き上がったパンの体積を、型に入れる生地重量で割ると求めることができる。

> パンの比容積（㎖/g）＝パンの体積（㎖）÷ 生地重量（g）

　この数式の意味は、1gのパン生地が何㎖の体積になるかを示している。比容積の値が大きいほど、そのパン生地の膨張率が高く、ボリュームのあるパンであることを意味する。そしてこの数値は、そのパン生地がどの程度窯伸びすれば良い状態に焼き上がるかの参考となる。

■ 型生地比容積

　「型生地比容積」とは、パン生地を型に入れて焼く場合に、型にどの程度の生地を入れて焼けば、そのパンの適正なボリュームを得ることができるかを示す指数である。使用する型の容積を、型に入れる生地の重量で割ると求めることができる。

> 型生地比容積 (㎖/g) ＝ 型の容積 (㎖) ÷ 生地重量 (g)

　この数式の意味は、1gのパン生地がそのパンの適正ボリュームになる場合の生地膨張率を示している。特に蓋をして焼く、角形食パンの生地重量を求める時に有効である。

第4章

パンの周辺科学

この章は、第1章「パンづくりのコンストラクション」や
第2章「パンづくりのメカニズム」で書ききれなかった、
「材料の科学」はじめ「パンに関する基礎知識」を
それぞれに独立した項立てで解説を加えたものである。
その掲載基準は、「これは知っていた方が良いのでは？」
「これは知っていてほしい！」などといった、筆者の勝手な思惑である。
別段、章としての一貫性、全体を通してテーマがあるわけでもない。
「コラムの集合」とも言える章であるので、
読者の皆さまには自由にページを開いて一読して頂きたい。

材料の科学

パン品質改良剤とは

　パン品質改良剤とは、良質なパンをつくるため、そして、安定したパンをつくるために開発された食品添加剤（物）の名称である。イーストフードやパン生地改良剤などとも呼ばれ、それぞれに機能を持った化合物や混合物がバランスよく配合されている。1913年にアメリカのフライシュマンズ社でパン生地改良剤（ドウ・インプルーバー）が開発されたことが、パン品質改良剤のはじまりである。当時はパンの仕込みに使用する水の水質を改良することにより、主にパン生地の物性を改善する目的でつくられたようである。パン品質改良剤は日本においても、1950年台から現在に至るまで、大手メーカーを筆頭に多くのベーカリーで多用されている。現在のパン品質改良剤は、①パン生地の発酵の促進、②パン生地の物性の改善、③パン全体の改善 を目的として、以下の基本的な役割を担っている。

❶ イーストの栄養分補給：イーストの発酵を促す。

❷ 原料水質の改善：原料水の硬度を改善し、パン生地の物性を改良する。

❸ パン生地の物性の改善。

　酸化剤：パン生地の酸化を促すことでグルテンの強化を図る。

　還元剤：パン生地の還元を促すことでグルテンの伸展性、伸長性を図る。

　架橋剤：グルテンの架橋密度を高くすることで、パン生地のガス保持力の向上を図る。

❹ パン生地のpH調整：イーストの発酵が進むとパン生地の酸性化が活発になるので、その抑制を図る。

❺ パンの品質の安定と硬化（老化）の抑制：パン生地の乳化を改善することで、パンの硬化（老化）抑制を図る。

改良剤使用でパンが
カッコよくなる様子

カッコよく ごきまぶりー！

改良剤あり

パン品質改良剤を使用する目的

　パン品質改良剤は、それらを使わないとパンができないというものではない。あくまでも生産者や製造者がそれぞれの環境や条件によって、個々の判断のもとに付加的かつ適正に添加するべきものである。本来的な考え方は、パン品質改良剤を添加した方が、パン生地の状態やパンのでき上がりが良くなる場合、もしくは製造上、添加せざるを得ない事情のある場合に使用すべきであろう。以下、簡単にパン品質改良剤を使用する目的を記す。

❶ 日本の水道水は、大半の地域で、硬度30〜60ppmの軟水である。一般に製パンには硬度100〜150ppmのやや硬水が適していると認知されているので、水質を軟水からやや硬水に改善する目的で使用する。

❷ 大量生産の製パンラインでは、製品の安定を図るために、パン生地の機械耐性の向上を図り、生地を安定させる目的で使用する。

❸ 現状では、規模の大小にかかわらず、機械製パンが主流である。機械製パンにおいてはパン生地の損傷が避けられないので、それを保護する目的で使用する。

❹ パン生地の状態の改善を図り、より良いパンを製造する目的で使用する。

　要するにパン品質改良剤は、最終的にパンの品質の向上を図る目的で使用されるべきであり、事前の学習なしに、安易に使用すべきではない。また、メーカーの使用基準を順守して使用して頂きたい。

パン品質改良剤の原料素材とその働き

　パン品質改良剤には、以下のような化合物、混合物が配合されている。

【アンモニウム塩】　塩化アンモニウム、硫酸アンモニウム、リン酸二水素アンモニウムなど。これらの塩は、窒素源としてイーストの栄養となり、発酵を助成する。

【カルシウム塩】　炭酸カルシウム、硫酸カルシウム、リン酸二水素カルシウムなど。これらの塩は、原料水の硬度調整、生地pHの調整、グルテンを強化するので、生地の発酵を促進したり、ガス保持を改善して、その結果、パンのボ

リュームが増大する。

【酸化剤】　L-アスコルビン酸、グルコースオキシダーゼなど。これらの酸化剤はパン生地の酸化を促し、グルテンのジスルフィド結合（S-S結合）を増幅させ、生地中のグルテンの3・4次構造を強化する。その結果、生地のガス保持力も増強されて、生地がより膨張する。また、グルテンの弾性も強化されることで、焼成中に生地の窯伸びも良くなり、最終的には焼き上がったパンのボリュームも増大する。

パン品質改良剤一覧

目的	主な成分	効果
イーストの栄養源	塩化アンモニウム、硫酸アンモニウムなどのアンモニウム塩	窒素源としてイーストの栄養となり発酵を助成
原料水の硬度調整	炭酸カルシウム、硫酸カルシウムなどのカルシウム塩	生地pHの調整、グルテンの強化などにより生地の発酵促進やガス保持を改善し、パンのボリュームアップに
酸化剤	L-アスコルビン酸、グルコースオキシダーゼなど	パン生地の酸化を促し、グルテンを強化。焼成中に生地の窯伸びも良くなり、パンのボリュームアップに
架橋剤	L-シスチンなど	グルテンの架橋密度を高くすることでパン生地のガス保持力が向上
還元剤	L-システインなど	パン生地の還元を促し、グルテンの伸展性、伸長性が良くなる
酵素剤	アミラーゼ、ヘミセルラーゼ、プロテアーゼ、リポキシダーゼなど	アミラーゼによって糖化された麦芽糖がイーストの栄養源となり、発酵を助成。ヘミセルラーゼによって食物繊維が分解され、パンがソフト化。プロテアーゼはアミノ酸を生成してイーストの栄養源に。リポキシダーゼは生地中の色素を分解してクラム部分を白色化
乳化剤	モノグリセライド、シュガーエステルなど	生地中の水分子と油脂分子とを均一に拡散し生地の伸展性、伸長性を改善。機械耐性が向上し、パンのボリュームアップに。デンプン粒のミセル構造にエマルジョンが浸潤して、パンの老化を遅延させる

【架橋剤】 L−シスチンなど。グルテン間の架橋を増やして生地中の架橋密度を高める。それにより生地の弾力とガス保持力を高める。また、より細かいセル（気泡）の均一化を図る。

【還元剤】 L−システインなど。グルテンのジスルフィド結合（S−S結合）を還元するので、グルテンの弛緩を図り、生地の伸長性や伸展性を改善する。また、これによりパン生地の作業性が高まる。

【酵素剤】 アミラーゼ、ヘミセルラーゼ、プロテアーゼ、リポキシダーゼなど。アミラーゼによって糖化された麦芽糖がイーストの栄養源となり、発酵を助成する。ヘミセルラーゼは食物繊維を分解して、パンのソフト化を図る。その結果、食感もソフト感が増す。プロテアーゼはアミノ酸を生成して、主に窒素源としてイーストの栄養補給となる。リポキシダーゼは生地中のカロチノイド系の色素を分解して、パンのクラム部分を白色化する。

【乳化剤】 モノグリセライド、シュガーエステルなど。生地中の水分子と油脂分子を均一に拡散することで、生地の伸長性や伸展性を改善し、機械耐性の向上を図るとともにパンのボリュームを増大させる。また、デンプン粒のミセル構造にエマルジョンが浸潤して、パンの老化を遅延させる。

【分散剤】 スターチ類など。大半の添加剤は微量の使用で効果が大きいので、分散剤を投入することで混合の均一化と計量の簡便化を図る。

【カビ抑制剤】 グリシンなど。

　パン品質改良剤の使用上の注意点は、以下の4つ。「何のために使うのか？」「どのような効果を望むのか？」といった目的意識をはっきりと持つことが大切であり、その目的に応じてパン品質改良剤を選別することをお勧めする。

• 小量でも効果が大きいので、正確な添加量を計算、計量する。
• 添加する時は、パン生地に均一に分散させる。
• 開封後は低温、低湿の冷暗所に保管する。
• 消費期限を守る。開封後はできるだけ早く消費する。

脱脂粉乳はメイラード反応促進剤！

　パンのクラスト部分の褐変反応で大きな影響力を持つ「メイラード反応（アミノカルボニル反応）」は、「アミノ化合物」（アミノ基を持つ物質：アミノ酸やタンパク質など）と「還元糖」（還元基を持つ糖質：ブドウ糖、果糖、麦芽糖、乳糖など）が結合する時に生じる複合体に起因する。その複合体が、分解、酸化、重合などの複雑な反応を繰り返してできる「メラノイジン」（赤・黄褐色の色素）がクラストの褐変反応のもととなる。

　このメイラード反応において「脱脂粉乳」がなぜ優秀かと言えば、その中に乳タンパク（アミノ化合物）と乳糖（還元糖）の両方が十分に含まれているからである。また、メイラード反応で生成される物質の中には多くの香気成分も含まれるので、パンの香りをより魅力的にすることにも一役買っているようだ。

　パンの場合、メイラード反応は通常130～160℃で最も多く生じる。還元糖を多く含むハチミツや、転化糖を多く含む上白糖は比較的低温帯で反応がはじまり、濃い焼き色を付ける。逆に、純度の高いグラニュー糖は160℃と高温度帯でしか反応しない。

　脱脂粉乳の持つ特異性は、乳タンパクと乳糖によるメイラード反応が100℃前後と比較的低い温度帯で生じることである。また、乳糖は125℃を超えるとカラメル化して色付きはじめ、色合いも中間的な赤黄色が反映されるので、クラスト全体をむらなく色付けしてくれる。乳タンパクと乳糖を含む脱脂粉乳は、まさにメイラード反応の促進剤であり、助成剤と言える。

乳脂肪について（バターと生クリーム）

　製菓・製パンで使用される乳製品の双璧は、何と言ってもバターと生クリームであろう。日本国内の乳等省令の成分規格では、バターは乳脂肪80％以上・水分17％以下、生クリームは乳脂肪18％以上・酸度（乳酸として）0.20％以下となっている。基本的にはバターも生クリームも遠心分離によって、脂肪球を濃縮してクリームを取り出す。このクリームをそれぞれにホモジナイズ（均一化）などの加工をして最終的にバターや生クリームに仕上げる。

牛乳そのものの乳化の状態は「水中油滴（O/W: oil in water）」型であるが、加工品の生クリームは「水中油滴（O/W）」、バターは「油中水滴（W/O: water in oil）」型となる（乳化に関しては142頁参照）。バターと生クリームで乳化状態が違うのは、乳脂肪率の高いバターは必然的に「油中水滴（W/O）」型となり、乳脂肪率の低い生クリームは「水中油滴（O/W）」型となるから。コーヒー用の生クリームは乳脂肪率が18〜30％の「コーヒー用クリーム」が一般向けとなっているが、洋菓子で多用される生クリームは35〜48％で、「ホイップクリーム」として使用されている。また、乳脂肪率が50％を超える濃厚タイプもあり、国産でも乳脂肪率63％の生クリームがある。

乳タンパク（カゼインと乳清タンパク）

乳タンパクは牛乳固形分の3分の1弱を占めているが、そのうち約80％がカゼインで、残り約20％が乳清タンパクで構成されている。

カゼインは、牛乳中で表面が親水性のカゼインミセル（0.1〜0.3μm）を形成する。カゼインミセルとは、カゼインが10数個凝集した小さな粒状のサブミセルが多数集まったものである。このカゼインミセルは、中にカルシウムを保護するように包み込んでいるので、カルシウムはカゼインミセルとともに牛乳中に均一に浮遊し、沈殿することはない。

カゼインはヨーグルトやチーズの製造工程で主役となる。牛乳に乳酸菌を入れると、乳酸菌の乳酸発酵により生成された乳酸が、カゼインを凝固（ゲル化）させて、乳糖、乳タンパク、乳脂肪を成分に持つヨーグルトができ上がる。

一方、牛乳にレンネット（註）を作用させると、レンネットに含まれるキモシン（タンパク質分解酵素）が親水性の表面を持つカゼインミセルのある部分を切断することで、それまで内側に閉じ込められていた疎水的な部分が顔を出す。そして、それぞれのカゼインミセルの疎水的な部分同士が連続的に結合するようになる。その結果、結合時にカゼインミセルだけでなく、水分子や脂肪球も取り込むので白濁し、ゲル状に凝固して乳漿となる。これがチーズのもとである。凝固時に生じる上澄みは乳清と呼ばれ、乳清タンパク（水溶性のタンパク群：ラクトグ

ロブリン、ラクトアルブミン、ラクトフェリンなど）が溶けている。乳清タンパクは、酸や酵素ではほとんど凝固しないが、加熱すると60℃前後から熱凝固する。牛乳を加熱すると表面に薄い被膜ができるが、これは牛乳表面に露出したラクトグロブリンを主とする乳清タンパクが熱変性を起こして凝固したものである。また、加熱によって比重が小さくなった脂肪球が、糖質も一緒に抱き込む形で表面付近に凝固して泡状の被膜をつくるのでボリュームも増す。この現象を「ラムスデン現象」と呼んでいる。

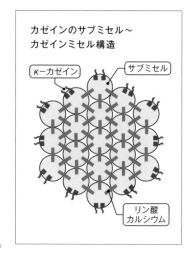

カゼインのサブミセル〜
カゼインミセル構造

κ-カゼイン

サブミセル

リン酸
カルシウム

　簡単におさらいすると、乳タンパクはカゼインと乳清タンパクの2種類に大別される。乳タンパクの80％を占めるカゼインは酸や酵素で凝固（ゲル化）し、残り20％の乳清タンパクは熱により凝固する。

（註）レンネットとは、牛の第4胃から抽出される、タンパク質分解酵素の「キモシン」と「ペプシン」を持つ凝乳酵素のこと。最近では類似した酵素を持つ「微生物レンネット」や海外では「遺伝子組み換えキモシン」なども利用されている。

飽和脂肪酸（脂<ruby>あぶら</ruby>）と不飽和脂肪酸（油<ruby>あぶら</ruby>）

　油脂中の脂質は、グリセロール（グリセリン：炭素が3つ結合している3価のアルコール）と、3種類の脂肪酸がエステル結合（註）したトリアシルグリセロール（中性脂肪）が主成分となる。脂肪酸は脂質を構成する重要な成分で、食品中の脂肪の9割が脂肪酸でできている。

　脂肪酸には多くの種類があり、結合している炭素の数や炭素間の二重結合の数の違いで脂質の名前とその性質が変わってくる。脂質はエステル結合する脂肪酸のうち3種類の脂肪酸の組合せによって、植物油、動物脂、魚油脂などが

決定される。また、脂肪酸は大きく飽和脂肪酸（飽和結合：二重結合がない）と不飽和脂肪酸に大別され、不飽和脂肪酸はさらに1価不飽和脂肪酸（二重結合が1つ）と多価不飽和脂肪酸（二重結合が2つ以上）に分類される。

脂肪酸は炭素（C）、水素（H）、酸素（O）の3種類の原子で構成され、すべての脂肪酸は炭化水素鎖（炭素原子が鎖状に結合した分子）と呼ばれる一般式$CnHmCOOH$で表される。脂肪酸は疎水性側の鎖の端にメチル基（CH_3-）を、グリセロールとエステル結合する親水性側の端にカルボキシル基（$-COOH$）を持つ。

飽和脂肪酸は、炭素の結合の手（4本）が全部水素と飽和結合（$-CH_2-CH_2-$）しており、まさに飽和状態にある安定した脂肪酸となる。このように安定状態にある脂肪酸は、融点（油脂の溶ける温度）が高く、常温（25℃）で「脂（固体）」となる。

不飽和脂肪酸は、炭素同士で2本の手でつながった部分（炭素の二重結合）を持つ。二重結合部分の分子構造が（$-CH_2-CH=CH-CH_2-$）となり、二重結合部分の水素が片側に1つだけとなるので、分子構造上不安定な状態と言える。このように不安定な状態にある脂肪酸は融点が低く、常温で「油（液体）」となる。

（註）エステル結合とは、アルコールと脂肪酸が脱水結合してできる結合。

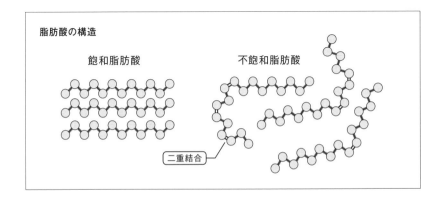

脂肪酸の構造

飽和脂肪酸　　　　　　　　不飽和脂肪酸

二重結合

トランス脂肪酸とその問題点

　マーガリンやショートニングを加工する時に、原料となる植物油や動物脂など を高温（200℃）で加熱して脱臭した後、水素添加によって固形化したものを「硬 化油」と呼ぶ。硬化油は、そもそも不飽和脂肪酸（常温で液体）を水素添加に よって飽和脂肪酸（常温で固体）に工業的に変化させるので、もとの分子構造 にかなり負荷をかけて製造している。そもそも天然に存在する不飽和脂肪酸は、 炭素間の二重結合部分（-C＝C-）の各炭素原子の余った手に水素原子が1個 ずつくっつくが、同じ側に位置しているのでシス（cis：同じ側）型と呼ばれる。 対して工業的に製造された硬化油は、その製造工程において二重結合部分の 炭素原子の余った手にくっついている水素原子がシス型から対角に位置するトラ ンス（trans：横切る）型に変化する。このトランス型に変化した不飽和脂肪酸 をトランス脂肪酸と呼んでいる。

　トランス脂肪酸の問題点を挙げると、①基本的に人体はトランス脂肪酸 を食品から摂取する必要性がない、②工業的に合成されたトランス脂肪酸 は人体で代謝されにくく、体内に蓄積されやすい。トランス脂肪酸を長期 にわたり過剰摂取すると、血中のLDL（悪玉）コレステロールを増やすだけ でなく、HDL（善玉）コレステロールを減らすので、その結果、動脈硬化な どの心疾患を患う可能性が高まると報告されている。

　①は添加物や添加剤同様、使用する必要がなければ使用しないに限ると いった考え方である。②は健康被害に関する事案であり、WHO（世界保健 機構）とFAO（国連食糧農業機関）は心臓血管系の健康増進のため、食事か らのトランス脂肪酸の摂取 量を最大でも1日あたりの総 エネルギー摂取量の1％未満 にするようにと勧告してい る。また、WHOは2018年に、 「2023年までにトランス脂肪 酸の低減を達成すること」を

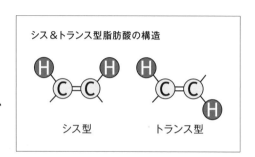

シス＆トランス型脂肪酸の構造

シス型　　トランス型

各国政府や食品企業に呼びかけている。ここ十数年とかく話題にのぼることの多いトランス脂肪酸であったが、現在では国内の油脂メーカーが自主規制的に、従来型の水素添加による硬化油の製造方法から、例えばエステル交換法 (註) などによる硬化油の製造方法への移行を進めている。

(註) エステル交換法とは、エステルやリパーゼなどの酵素を利用して、グリセリンと結合している3つの脂肪酸の位置を入れ替えることで、脂質の改質 (融点の変化、固化度の変化など) を図る手段。

卵黄の機能性

　卵は、糖類、油脂、乳製品に続く、パン生地を豊かにする素晴らしい副材料の一つである。特に卵黄の効果は多岐にわたる。卵黄の平均的な成分は、水分50%、脂質30%、タンパク質15%、その他 (ミネラル、ビタミンなど) 5%となっている。脂質は、中性脂肪65%、リン脂質 (レシチン) 30%、コレステロール5%からなり、タンパク質は8種類の必須アミノ酸を含み、プロテインスコア (註1) は最大値の100となる。また、卵黄にはカロチノイド系の色素が豊富で、卵黄を黄色に染めている。

　卵黄のパンにおける役割であるが、①卵黄の旨味 (風味) の供給、②総合的な栄養の供給、③より鮮やかなクラストカラーとやや黄色みを帯びたクラムカラーの供給、④パン生地の乳化の改善、が挙げられる。①、②、③については改めて説明する必要はないと考えるので割愛する。ここでは④のパン生地の乳化について考えてみたい。

　卵黄が添加されたパン生地は、ミキシング中に卵黄に含まれるリン脂質 (レシチン) が乳化剤として働き、パン生地の乳化を促進させる。ここで言うパン生地の乳化とは、水分子と油滴の界面活性をさせながら、水中油滴 (O/W) 型に乳化することである。すなわち、水分子の中に油滴が包み込まれている状態でパン生地中に分散・拡散されている状態を指す。これにより、パン生地がより柔軟で滑らかになり、伸長性・伸展性が増すことで、生地全体が発酵中に伸びやかになる。焼成時においても窯伸びが良くなり、焼き上がったパンのボリュー

ムも豊かでふっくら感も増す。さらに、食した時のソフト感や歯切れと口溶けの良さが改善される。

　また、レシチンによって乳化された水中油滴（O／W）型のエマルジョン（註2）がデンプンのミセル構造に浸潤して、ミセル構造の収縮を緩やかにすることで、デンプンの老化を遅らせる。デンプンの老化と水分の蒸発を遅らせることで、パンの硬化も遅れるので、パンの日持ちが向上すると言える。

　以上、主だった卵黄の機能を解説したが、卵白も含めて卵の効果は絶大であり、特にリッチなパンにはなくてはならない副材料である。

（註1）プロテインスコアとは、タンパク栄養価を示す指数で、8種類の必須アミノ酸（人体で合成できず、食物から摂取しなければならないタンパク質）がバランスよく含まれているかを判定する。卵は他の動物性食品と比べてもプロテインスコアが高く、最高評価の100となっている。

（註2）　エマルジョンとは、乳化してできたものの名称。または、分散質と分散媒がともに液体の場合の分散系溶液で、乳濁液とも呼ばれる。

仲介人、レシチンの乳化性

　一般に乳化とは、水と油のように混じりにくいものを均一に混合することを指し、その際に水と油の界面に働きかけて「エマルジョン」の状態にすることを言う。乳化を促進する「リン脂質」のことを、食品の場合は「乳化剤」、洗剤や化粧品の場合は「界面活性剤」と呼ぶ。界面活性剤の「界面」とは物と物の境目という意味であり、お互いに混ざり合わないことで生じる液体の境目のことを指している。界面活性剤はその境目にくっついて働き、水と油のように普段は混ざり合わない物を混ぜ合わせて乳白色の液体にし、その状態を「乳化」と定義する。

　乳化には「水中油滴（O／W：oil in water）」型と「油中水滴（W／O：water in oil）」型があり、例えば、牛乳やマヨネーズなどは脂肪分がリポタンパク質に包まれて油が水に囲まれている「O／W」型、反対にバターやマーガリンなどは油の中に水が囲まれている「W／O」型である。

　「レシチン」とは、リン脂質の一種で、自然界の動植物のすべての細胞中に存在しており、ギリシャ語で卵黄を意味する「レキトス（lekithos）」に由来して

いる。食品に使用されるレシチンは、卵黄、大豆、牛乳由来が一般的であり、天然のリン脂質（脂質の一部にリン酸を含む）のことを指す。特に卵黄レシチンは、「O/W」型の乳化力が強力で、パン生地中でも安定したエマルジョンの状態を保っている。

　レシチンは、分子が「脂肪酸」＋「グリセリン」＋「リン酸」＋「コリン」（註）と4つのパートが順番につながっている。そしてレシチンは分子の片方の端にある脂肪酸が親油性を持ち、水と油の界面から油側に脂肪酸の親油基の足を突っ込んだ状態となっている。もう一方の端にはメチル基のあるコリンが親水性を持ち、水と油の界面から水側にコリンの親水基の頭を突っ込んだ状態となっている。まさにレシチンは、両手に花ならぬ、水と油を同時に持つことができる仲介人の役割を果たしていると言える。

　水中油滴（O/W）型と油中水滴（W/O）型のいずれの場合も、水と油のどちらかに多数の乳化剤分子が頭や足を突っ込むので、水分子と油滴がしっかりと固定される。よって乳濁液は水と油がくっついた状態で分散・拡散するので乳白濁状のまま安定する。

（註）コリンとは、レシチンの一部で、細胞膜を合成するのに必要な栄養素の一つ。

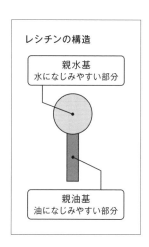

レシチンの構造

親水基
水になじみやすい部分

親油基
油になじみやすい部分

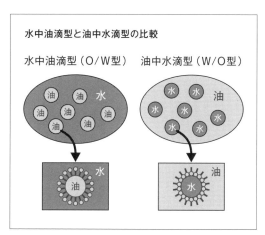

水中油滴型と油中水滴型の比較

水中油滴型（O/W型）　　　油中水滴型（W/O型）

パン生地と卵白の関係（オボアルブミンの効果）

　パン生地中に含まれる卵黄の効果は前項で述べた通りであるが、では卵白はどうだろうか？　全卵の64％前後を占める卵白は、約90％が水で占められ、残りの10％が固形分である。そのうちの90％が卵白タンパクであり、そのまた約54％が「オボアルブミン」と呼ばれる主要なタンパク質となる。卵白の起泡性（メレンゲやスポンジケーキに応用）や熱凝固性（菓子生地などを焼き固める効果）は、このオボアルブミンによるところが大きいと考えられている。

　パンの場合、通常は全卵もしくは卵黄を主として使用し、卵白だけが添加されることはまずない。また、卵を必要としないパンの種類も多くあるので、ここでは全卵を添加することを想定して具体的に話を進める。ごく一般的な食パンA（卵が配合されない）と、それに対粉5％の卵白を添加した食パンBの生地を同一条件（100g、丸形）でテストベーキングした後に製品を比較した。結果、食パンBは食パンAよりもパンのボリュームが若干大きく、パンの弾力もやや強い。手のひらで上から抑えて同程度の圧力をかけたところ、もとに戻る復元力もBが勝っていた。焼成後1時間経った状態を比べると、食パンAはパンの側面部の小じわが食パンBよりも多く、やや側面部の組織の弱体化が見られた。

　以上を考察すると、オボアルブミンを主とした卵白タンパク質は80℃前後で完全に凝固して白く硬化するので、グルテンが構築する骨格の補強材として立派な働きをしていると言える。ただ、卵白の総量が対粉10％を超えると、卵白臭を感じるようになり、卵白特有のプリプリした硬さとパサつきが増し、食感が悪くなる。

イーストと浸透圧

　パン生地に添加されるショ糖（ブドウ糖＋果糖）は、ミキシング中に配合された水でその結晶体が溶解されてショ糖水溶液となり、単体のショ糖分子に低分子化される。それにより、ショ糖分子がパン生地中に均一に拡散する。当然、ショ糖を多く配合すれば溶液の濃度は上昇し、パン生地も高濃度となる。

　パン生地の濃度が一定以上の高濃度になると、イーストに対して浸透圧 (註)

が生じるようになる。なめくじに塩をふりかけると、なめくじの体内から水分が流出してしぼんでしまうのと同様に、パン生地の濃度が極端に上がると浸透圧が生じてイーストの細胞内の水分が細胞膜を通して細胞外に流出する。イーストは生体活性を低下させるので、アルコール発酵が思うように進まなくなる。結果、パン生地の発酵遅延と炭酸ガスの発生が減少するので、パン生地の軟化と膨張不足に陥り、パンづくりが困難となる。

（註）浸透圧とは、半透膜（溶媒［液体］だけを通す膜）で隔てられた濃度の異なる2つの溶液がある場合、濃度の低い（溶質分子の密度が相対的に低い）溶液から濃度の高い（溶質分子の密度が相対的に高い）溶液に溶媒が移動すること。基本的に浸透圧は2つの溶液の濃度が均衡になるまで働く。また、溶液の濃度は溶質の分子量が小さく、かつ溶液中に拡散している溶質の密度が高い方が高濃度の溶液となる。参考までに、食塩水溶液、ブドウ糖水溶液、ショ糖水溶液の濃度と浸透圧の関係を下記する。2％食塩水溶液＝6％ブドウ糖水溶液＝12％ショ糖水溶液の浸透圧は概ね等しい。

なめくじに塩をかけると水分が出てしぼむ様子

イーストが浸透圧により弱る様子

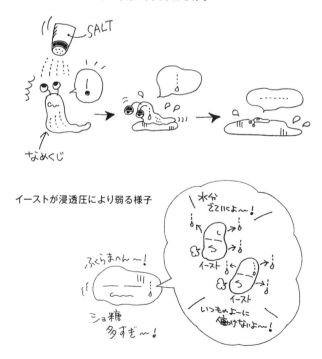

イーストと酵素

　イーストはパン生地中の麦芽糖やショ糖を分解し、ブドウ糖や果糖を栄養として発酵する。麦芽糖にアタックをかける場合は、麦芽糖透過酵素で細胞内に麦芽糖を取り込んだ後、マルターゼ（麦芽糖分解酵素）が細胞内で麦芽糖をブドウ糖に分解する。ショ糖にアタックをかける場合は、ショ糖透過酵素を持っていないので、細胞外にインベルターゼ（ショ糖分解酵素）を放ってショ糖をブドウ糖と果糖に分解する。次にそれぞれをブドウ糖透過酵素と果糖透過酵素で細胞内に取り込む。いずれの場合も細胞内に取り込まれたブドウ糖や果糖は、解糖系酵素のチマーゼによって代謝（アルコール発酵）される。

低ショ糖型イーストvs.高ショ糖型イースト

　通常のイーストは、糖質分解酵素のマルターゼ活性とインベルターゼ活性が概ね等しい。言い換えれば、同じ破壊力を持った2種類のミサイルを積んだイージス艦のようなものである。ただ、前述したように、同じ属種のパン用イーストにもいろいろなタイプがある。

　低糖パン用イースト（低ショ糖型）は、①麦芽糖（マルトース）高発酵性でマ

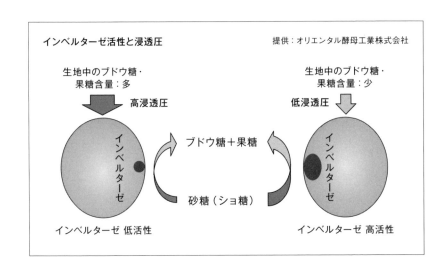

インベルターゼ活性と浸透圧　　　　　　　　　　　提供：オリエンタル酵母工業株式会社

生地中のブドウ糖・
果糖含量：多

高浸透圧

生地中のブドウ糖・
果糖含量：少

低浸透圧

ブドウ糖＋果糖

砂糖（ショ糖）

インベルターゼ 低活性　　　　　　　　　　　　　　　インベルターゼ 高活性

ルターゼ活性が高く、積極的に麦芽糖をブドウ糖に分解する、②パン生地が低濃度なので通常の浸透圧耐性を持つ、③ショ糖の添加量が少ないので高インベルターゼ活性のイーストが選別される。

　一方の耐糖パン用イースト（高ショ糖型）は、①パン生地が高濃度なので細胞自体が高い浸透圧耐性を持つ、②ショ糖の添加量が多いので、低インベルターゼ活性のイーストが選別される。理由は高インベルターゼ活性のイーストを高ショ糖濃度のパン生地に使用すると、インベルターゼがショ糖を転化糖（ブドウ糖・果糖）に加水分解するので、生地濃度を急激に上昇させる。それにより、生地中の浸透圧がさらに上昇して、イーストにダメージを与える危険性が生じるからである。ゆえに高ショ糖のパン生地には、インベルターゼ活性の低いものを使用する。参考までに表記すると、低ショ糖型イーストのインベルターゼ活性は、高ショ糖型イーストのそれよりも50〜100倍ほど高いとされている。

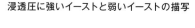

浸透圧に強いイーストと弱いイーストの描写

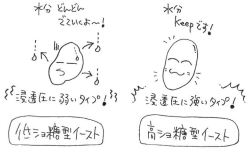

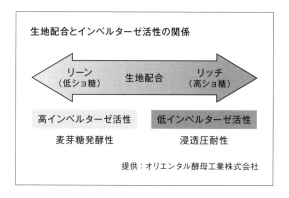

生地配合とインベルターゼ活性の関係

リーン（低ショ糖）　　生地配合　　リッチ（高ショ糖）

高インベルターゼ活性　　　低インベルターゼ活性

麦芽糖発酵性　　　　　　浸透圧耐性

提供：オリエンタル酵母工業株式会社

麦芽糖構成型（低ショ糖型）vs.麦芽糖誘導型（高ショ糖型）

　今日、業務用イーストも多種多様化され、使用する側も有効利用するために正確な製品知識が求められている。特にインスタント・ドライイーストは流通の利便性と製品の保存性の優位性から、業務用はもとより一般市場（スーパー、デパート）やネット通販にまで普及している。というわけで、ここではインスタント・ドライイーストに着目して、簡単にその機能性をひも解いてみたい。

　一般的にインスタント・ドライイーストは2種類に大別されるので、少々整理して以下に記載した。

❶ 低糖パン用イースト＝低ショ糖型イースト＝麦芽糖構成型イースト

❷ 耐糖パン用イースト＝高ショ糖型イースト＝麦芽糖誘導型イースト

　①の麦芽糖構成型イーストは、パン生地中の麦芽糖をレーダーでキャッチするのが早く、麦芽糖透過酵素を利用してそれを細胞内に取り込んだ後、マルターゼが麦芽糖をブドウ糖に分解（糖化）して代謝（アルコール発酵）する。この麦芽糖構成型のイーストはいつもお腹を空かしており、どちらかと言えば麦芽糖をガツガツ食べて代謝するタイプ。結果、炭酸ガスの生成も早いタイミングではじまり、ガス発生量も多いので即効性かつ麦芽糖高発酵性型となる。

　②の麦芽糖誘導型イーストは、まずパン生地中のショ糖をインベルターゼがブドウ糖と果糖に分解する。次にブドウ糖透過酵素と果糖透過酵素を利用してそれぞれを細胞内に取り込んだ後、ブドウ糖と果糖を代謝して早いタイミングで炭酸ガスを生成する。一方、麦芽糖の代謝に関して言えば、

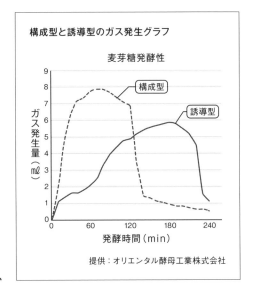

構成型と誘導型のガス発生グラフ

麦芽糖発酵性

構成型

誘導型

ガス発生量（mℓ）

発酵時間（min）

提供：オリエンタル酵母工業株式会社

誘導型イーストはどちらかと言えばおっとりしていて麦芽糖をぽちぽち食べるタイプ。結果、炭酸ガスの生成も緩やかで、ガスの発生量も構成型に比べると少ないので、遅効性かつ麦芽糖低発酵性型となる。

　以上、顆粒状のインスタント・ドライイーストの機能性について記したが、参考までに記載すると、粒状のドライイーストは「低ショ糖型」で「麦芽糖構成型」となる。

パンの基礎知識と周辺科学

パンの起源とその源流

　パンの起源と源流をひも解くと、今より1万年以上前に遡る。当時の中央アジアから西南アジア一帯には野生原種（スペルト小麦など）が自然生育したとされている。

　現在、我々が食しているパンの原料となる、小麦の祖先である。すなわち多くの人々、広い地域で、この小麦のDNAを1万年以上もの間、引き継いできたわけである。その間にその小麦の種は現、ウズベキスタン、イランを経てイラクに到達。そこは肥沃な三日月地帯である。そこで世界最古のメソポタミア文明と出合い、小麦栽培がはじまるとともに、無発酵パンが誕生する。そして、紅海をわたりエジプトへ。エジプト文明では発酵パンも誕生する。やがてそれらは古代ギリシャ、古代ローマ帝国時代を経て中世ヨーロッパへと続く。ここまでくると、これは「一粒の小麦」の冒険物語であり、大叙事詩である。そして、この小麦の旅は海をわたり、山を越えてやがて世界中に伝搬される。そしてこの小麦粒から幾千種というパンが誕生した。

　最初にパンが誕生して少なくとも1万年以上は経つであろう。その間、パンは常に進化し、発展を遂げてきたが、それはまさに長きにわたるパンワールドの歴史と言える。

世界最古のパン

　これまで最古のパンは、トルコのチャタルホユク（コンヤ県）にある9100年前の遺跡で見つかったものとされていた。だからパンの原料となる小麦や大麦の穀類の野生原種は1万年から1万2000年前に自然生育していたと推察されていた。が、しかしである。2018年7月16日に事件は起こる。ロイター発、コペンハーゲン大学の調査チームが「ヨルダンの北西部で1万4400年前のパンの化石を発見した」(註)と報じた。これにはその道の研究者の皆さんびっくり仰天。それまで最古とされていたものより、なんと5000年以上前のパンが突如出現したからである。そしてこの発見が物議を呼ぶ。その理由は、①小麦の原生種は1万年前頃に中央および西アジアに自然生育していたものがトルコや中近東あたりに伝搬された、②農耕のはじまりも小麦や大麦の栽培がはじまった1万年前頃と推察されている、からである。

　この化石の発見は、これまでの定説を根底から覆す大発見であり、研究者にとっては大問題である。要するに人類は狩猟採集経済から農耕経済へ移行する段階で穀物の栽培に着手したという大前提が崩れるからである。いったい農耕はいつ頃からはじまったのか？ 小麦やパンの起源はいつ頃？ どの辺り？ そんな新たな疑問が生まれる。従来は、穀物を栽培するようになったから、その加工産物としてパンが誕生したとされていたが、狩猟採集時代にパンが発見されたとなると話がややこしくなる。ひょっとするとパンやビールありきで小麦や大麦の栽培が進化したのかも？ 今後はさまざまな仮説や定説が生まれるであろうし、それらに対する議論も白熱することは間違いないであろう。

（註）Amaia Arranz-Otaegui, Lara Gonzalez Carretero, Monica N. Ramsey, Dorian Q. Fuller, and Tobias Richter : Archaeobotanical evidence reveals the origins of bread 14,400 years ago in northeastern. Proc. Natl. Acad. Sci. 115(31):7925-7930, 2018.
Amaia Arranz-Otaeguiらによるこの論文は2018年、Proceedings of the National Academy of Sciences of the United States of America : PNAS（米国科学アカデミー紀要）に掲載されたものである。概要は以下の通り。

・ヨルダン北西部にあるナトゥフ文化遺跡のかまど跡から24個の炭化したパンの微片を発見。
・測定の結果、それらの化石は約1万4400年前のものと判定。
・パンはマルチグレインタイプで、無発酵のフラットブレッドと推定。大麦、スペルト小麦、ライ麦、燕麦などの野生穀類や、水生パピルスの仲間の植物から取った塊茎などを粉に挽いてつくられていた。

パンの定義：パンという食べ物

　日本における「パン」とは、食品表示基準（平成27年3月20日消費者庁公布）によると、「1.小麦粉又はこれに穀粉類を加えたものを主原料とし、これにイーストを加えたもの又はこれらに水、食塩、ぶどう等の果実、野菜、卵及びその加工品、砂糖類、食用油脂、乳及び乳製品等を加えたものを練り合わせ、発酵させたもの（以下「パン生地」という。）を焼いたものであって、水分が10％以上のもの……」とある。何とも前時代的な表現であるので、無発酵パンはさておき、発酵パンを簡単に定義すると以下となる。

❶ 小麦粉を中心とする穀物の粉を主材料とした「粉体加工食品」である。

❷ 酵母のアルコール発酵を利用した「発酵食品」である。

❸ 加工の最終段階で加熱することにより生地を膨張させる「膨化食品」である。

　主原料である小麦は問題ないが、では他の穀物はと言うと、これは結構意見の分かれるところである。狭義においては、小麦、大麦、トウモロコシ、カラス麦、ライ麦、トリティケール（小麦とライ麦の掛け合わせ）、デュラム小麦、米、蕎麦の9種類となる。これらはCGA（Cereals and Grains Association）やICC（International Association for Cereal Science and Technology）などでは主流の考え方で、蕎麦（タデ科）以外はイネ科の種子である。

　広義においての解釈はさまざまで、国内外の栄養学や食品学上の定義ではアワ、ヒエ、キビなど他のイネ科の穀類まで認定されている場合もあれば、もっと拡大解釈して雑穀（キヌア、アマランサスなど）や豆類（大豆、小豆、インゲンなど）も含まれる場合もある。いずれにせよ大事な点は、それらの種子や豆などの胚乳部分に人間にとって重要な3大栄養素（タンパク質、脂質、糖質）の一つである糖質がデンプンの形で多く含まれていることである。いろいろな食品の形で摂取されたデンプンは体内で生合成した後にグリコーゲンとして肝臓や骨格筋に貯蔵されて、人が生活するのに必要なエネルギー源となる。

　次に加工法だが、まずは「粉体」を加工するということ、すなわち生地をつくるということである。次に生地を「発酵」させる。最終的に生地を加熱（焼く、蒸す、揚げる）して「膨化」させる。それが「パン」である。

世界の穀物事情のグラフ

世界の穀物生産量の推移

（100万トン）

種類		14/15	15/16	16/17	17/18	18/19
小麦		730	737	753	767	737
粗粒穀物	トウモロコシ	1,022	983	1,087	1,047	1,076
	大麦	144	150	145	145	140
	モロコシ	64	63	58	58	59
	エンバク	23	22	24	24	22
	ライ麦	15	13	13	13	11
	その他	53	47	48	48	44
	計	1,321	1,278	1,375	1,335	1,352
米を除く穀物　計		2,051	2,015	2,128	2,102	2,089
米		480	475	491	491	488
穀物　計		2,531	2,490	2,619	2,593	2,577

(International Grains Council - Grain Market Report)（2019年1月24日現在）

小麦の主要生産国の生産量

（100万トン）

国	14/15	15/16	16/17	17/18	18/19
中国	126	130	129	138	135
インド	96	87	86	99	100
ロシア	59	61	73	85	72
アメリカ	55	56	63	47	51
フランス	39	42	29	39	36
カナダ	29	28	32	30	32
パキスタン	26	26	26	27	26
ウクライナ	25	27	27	27	25
ドイツ	28	26	25	25	20
アルゼンチン	14	11	18	19	19
オーストラリア	24	22	32	21	17

(International Grains Council - Grain Market Report)（2019年1月24日現在）

小麦の主要輸出先   （100万トン）

国	14/15	15/16	16/17	17/18	18/19
ロシア	22.2	25.4	27.6	41.1	33.5
アメリカ	22.6	21.6	29.1	22.8	28.5
カナダ	24.9	21.9	20.3	21.7	24.0
EU	34.4	33.8	26.4	22.4	19.8
ウクライナ	11.2	17.4	18.0	17.7	16.5
アルゼンチン	4.1	8.7	12.3	14.0	14.5
オーストラリア	16.6	15.8	22.1	15.6	12.0
カザフスタン	5.7	7.4	7.3	8.4	8.5
トルコ	3.3	4.8	5.1	4.9	4.9
パキスタン	0.7	0.9	0.9	1.2	1.2
世界計	153.1	166.2	176.7	175.1	170.4

（International Grains Council - Grain Market Report）（2019年1月24日現在）

小麦の主要輸入先   （100万トン）

国	14/15	15/16	16/17	17/18	18/19
エジプト	11.1	12.2	11.2	12.4	12.4
インドネシア	7.3	10.2	10.1	10.5	10.8
ブラジル	5.7	6.0	7.7	7.0	7.2
アルジェリア	7.3	8.1	8.4	8.1	6.9
バングラデシュ	3.6	4.6	5.6	6.2	6.2
EU	6.2	7.0	5.6	5.7	5.9
日本	5.6	5.6	5.8	5.7	5.8
フィリピン	5.0	4.9	5.7	6.0	5.6
メキシコ	4.6	4.7	5.4	5.1	5.6
ナイジェリア	4.3	4.3	5.0	5.2	5.2
世界計	153.1	166.2	176.7	175.1	170.4

（International Grains Council - Grain Market Report）（2019年1月24日現在）

パンの規格

　商品や製品には製造者責任（PL法）がついて回るが、ソリッドな工業製品の場合は規格・標準化しやすく、たとえばJIS規格（ISO／IECという国際規格と整合化が図られている）のように、長さ、重さ、体積、強度などが定数化され、それらが直接製品評価につながる部分が多いので重要な規格となっている。

　では、パンの場合と言うと、焼き上がったパンの形状（長さ、体積）や質量（重量）の規格はないが、食品衛生法で定められた公衆衛生上、食品衛生上の規格や規則は細々と規定されている。

　パンという食品は、ユニバーサルフードにもかかわらずグローバルスタンダードは存在せず、国や地方のローカルスタンダードにおいて概ね「パンの重量と配合比」で区別されているだけである。遡って、古代エジプトでは大型の上等の（小麦粉だけを使用した）パンを何個であるとか、普通の（大麦粉がかなり混ざった）パン何個とかで取引されていた。数千年経った今もたいした違いはなく、例えばアメリカのＦＤＡガイドライン（U.S. Food and Drug Administration）ではミルクロールは配合に10％以上の牛乳が含まれていなければいけないと定めてある。また、ブレッドと呼ばれるパンは、重量が1lb.（ポンド）以上なければいけないとか、それ以下をロールもしくはバンズと呼ぶとか。

　ちなみに日本でも食パン1斤の重量は日本パン公正取引協議会で「340ｇ以上」と決められている。要するにパンはタイプ、大きさ、重さなどの違いで大雑把に分類されているに過ぎない。パンの歴史や進化を鑑みれば、当り前と言えば当り前かもしれない。

材料と原料

　「物づくり」には当然のことながら、「材料」が必要となる。では、その材料のもとになる素材はと言えば、「原料」にたどり着く。「パンづくり」で言えば、「小麦粉」はパンの材料であり、「小麦」は小麦粉の原料となる。原料を加工して材料にする、それらの材料を使用して、パンという2次加工品を製造する。当り前であるが、それが案外そうではなくなってきている。ベーカリー市場が拡大すればするほど、大手ベーカリーなどでは量産のための合理化を推し進める。要するに生産ラインと材料の見直しである。コストをより安価に抑えるために、生産ラインのコンピューターとロボットによる自動化を進める一方で、より原料サイドに近い材料の入手も試みる。機能的に問題がなければ、その方が加工段階を1段階も2段階も省けるから材料コストも下がる。大手ベーカリーで使用されている小麦粉はじめ、グラニュー糖、バターやマーガリン、卵などの材料は、家庭や町のベーカリーで使用されているものとは根本的にすべてにおいて形状と機能性が異なる。

　これは当然のことで、例えば、小麦粉は港に設置された製粉会社のサイロから直接パイプでベーカリー工場へエアーシフトされる。糖類も油脂類も大半は液体・液状であり、卵は乾燥卵、乳製品も粉末が主となる。すなわち使用目的に応じた、①コスト、②簡便性、③材料の重量や体積・容積、④収納スペース、⑤物流、などが徹底的に考慮される。ここで何を言いたいのかと言えば、つまり、原料や材料が変化すると、それらの特性も変化し、テクノロジーも変化するということである。すなわち「パンづくりの科学」にも変化が生じるわけである。

　今日の日本のパンづくりは、大手ベーカリーからリテイルベーカリーに至るまで世界の最高水準にあるといっても過言ではない。量販店のスーパーやコンビニ、デパ地下ベーカリー、町のこだわりベーカリーのパンはいずれも質の良い商品である。そしてベーカリーの「サイエンス＆テクノロジー」はその規模に合わせて変化することを、読者の皆さまには認識して頂きたい。なぜなら、それによって焼き上がってくるパンも変化するからである。

パンの腐敗

パンの腐敗は主にカビや細菌が増殖することで生じる。カビによる腐敗は、白色から黒色斑点まで様々な紋様のアスペルギルス（Aspergillus）属（麹カビ）、青緑色斑点のペニシリウム（Penicillium）属（青カビ）の発生が圧倒的に多い。俗に黒カビと呼ばれる、よく風呂場の壁などで見かけるクラドスポリウム（Cladosporium）属も、パンやケーキにも暗緑色から黒色の集落をつくる。また、英語で「Black bread mold（黒パンのカビ）」と言えば、黒麹カビに似たリゾプス（Rhizopus）属の一種を指す。一般的にこれらのカビが生えたパンを食したからといって、すぐに病気になるわけではないが、これらのカビ属の中には人間にとって有害なカビ毒、アフラトキシンやマイコトキシンなどを合成するものもあるので、安全を期して食するのは控えた方が賢明である。

パンのカビは焼成時に死滅するので、焼成後の2次汚染が原因となる。カビの発生は、カビの胞子がパンの表面に付着し、胞子が発芽・生育して集落をつくることにより、肉眼で見える大きさになる。

パンの腐敗で最も厄介なのは、通称ロープ菌、バチルス（Bacillus）属の枯草菌：バチルス・サブティリス（Bacillus subtilis）やバチルス・メセンテリカス（Bacillus mesentericus）などの芽胞を形成するグラム桿菌である。ロープ菌は焼成後のパンに付着、または生地中の耐熱性芽胞が焼成時に生き残り、それらがパンの中で活性化してクラムをドロドロのロープ（糸引き）状にする。

食パンにカビが繁殖するのは、焼成後冷却した食パンをスライスする時にその断面にそれらの細菌が付着した可能性が高く、スライサーや作業台の徹底した消毒が求められる。現在ではいろいろと殺菌剤や消毒剤が開発されているが、昔はエタノールや酢酸（酢）で消毒していた。

ちなみに、食パンの水分含有量は38％前後、そして水分活性は0.95以上とカビや細菌類が繁殖しやすい好環境と言える。残った食パンをカビなどから守るには1枚1枚ラップで覆い、冷凍するのが望ましい。

パンの安全性

　今日、あらゆる食品の衛生や安全性について一般消費者の関心が高まっており、各生産者やメーカーは商品の情報開示に努めている。包装された状態で販売されるパンについても同様で、原材料名やアレルギー物質、消費・賞味期間などの表示が食品表示法により義務付けられている。

　我々が主として食しているパンの多くは、第2次世界大戦後にアメリカから原料の小麦粉とともにプラントやパン製法も同時に輸入して生産されたものが基本となっている。アメリカ指導型の大量生産工場では先進の衛生・安全管理技術が導入され、結果的に日本のパンメーカーはじめ各原料メーカーもいち早く緻密な生産管理がなされるようになる。

　昭和25(1950)年に学校給食でパンが支給されるようになったのを機に、各パンメーカーは一般小売にも販路を拡大して著しく成長する。昭和28(1953)年にはすでに学校給食用にエンリッチ粉 (註1) の導入など技術革新がなされる。昭和30(1955)年代は、巷でもエンリッチブレッドを筆頭とするケミカル・ブレッドが主流となり、白くてふっくらとしたパンは「栄養があって、頭が良くなる」という神話を生む。当時はパンのクラムを白くするために、小麦粉を過酸化ベンゾイルや塩素ガスで漂白することにはじまり、パン生地が良く膨らむように臭素酸カリウムや過硫酸アンモニウム (註2) などに代表される酸化剤、グリセリンに代表される乳化剤などがパン生地に添加された。また、当時はカビやロープ菌と呼ばれる細菌の発生を防ぐカビ止め剤や防腐剤としてプロピオン酸などが大量に使用されていた。

　昭和50(1975)年代に入ると、医学や科学の進歩とともに、発がん性物質の問題や健康志向などの影響もあり、市場では従来の食品添加物が見直される風潮が強くなる。筆者の経験からも、昭和51〜52年頃にはパン業界でも、漂白粉から無漂白粉に、臭素酸カリウムや過硫酸アンモニウムからビタミンC（L-アスコルビン酸）に、グリセリンから脂肪酸エステルに、防カビ剤や防腐剤は不使用へと、パンメーカーはじめ各原料メーカーも自主規制により安全性の高い食品添加物へと段階的に移行したように記憶する。話は少し横道にそれるが、

その当時のアメリカでは「ワンダーブレッド（WONDER BREAD）」(註3) なるスーパーブレッドが主流で、日本でも昭和50年代に発売されたが、数年で市場から姿を消した。

　平成（1989年〜）に入るとさらに食の健全化が加速し、食品添加物から派生した日持ち向上剤や品質向上剤といった身体にやさしい物質が多用されるようになる。これらは食品添加物としての表示ではなく、「単体の物質名」で表示されている。また、最近では遺伝子組み換え食品に関心が寄せられているが、パン業界ではそれらの原料は使用していない。今日、市場に流通しているパンの多くは食品添加物や日持ち向上剤を含んでおり、「添加」「無添加」の是非は議論の余地があると考えるが、現段階においてパンは極めて安全な食品であると言える。

（註1）エンリッチ粉は、小麦の製粉段階で発生する摩擦熱や漂白剤（過酸化ベンゾイルや塩素ガス）によって破壊される一部のビタミンやミネラルを補うために、製粉後に鉄分やカルシウムといったミネラル群とビタミンB群を添加した小麦粉のこと。食料不足時代のイギリスやアメリカで開発された、いわゆる栄養不足を補うために開発された小麦粉である。

（註2）臭素酸カリウムによるパン生地における酸化作用は遅効性で、生地発酵の初期から徐々にはじまり、後期から焼成初期段階にかけて主に反応を起こす。それによりパン生地の窯伸びが良くなり、パンのボリュームも増加する。ただ、使用に関してはパンのみに限られており、他の加工食品に使用してはならない。その使用基準は「対粉30 ppm以下、かつ臭素酸カリウムが最終製品に残存しないこと」（食品衛生法）である。過硫酸アンモニウムは、比較的反応のおだやかな酸化剤である。ただ、こちらもパンのみに使用可能であり、他の加工食品には使用してはならない。その使用基準は「対粉300 ppm以下」である。

（註3）「ワンダーブレッド（WONDER BREAD）」は、アメリカで1921年に発売され、1930年代からスライス食パンとして販売された。赤・黄・青の水玉模様に自社のロゴ入りの包装紙に包まれたローフ・ブレッドが一躍大人気となり、ワンダーブレッドは長きにわたり不動の地位を確立した。アメリカの経済成長期の大半を支えたこのワンダーブレッドはまさに当時の穀物科学や食品科学の粋を結集したパンであったことは間違いのない事実である。パンのクラムが柔らかくて真っ白、室温に1週間以上置いても柔らかく、カビも生えない、栄養たっぷりのスーパーブレッドには、筆者もアメリカ留学時代（1980年代）によくお世話になったが、ただただ驚くばかり。悪口を言うつもりはないし、詳細も割愛するが、筆者の記憶する限りはエンリッチ粉、酸化剤、還元剤、乳化剤、防カビ剤など、考えられる限りの化学合成物が添加されていたのも事実である。

昔は「等級の低い粉」ほど栄養価が高かった？

　一昔も二昔も前のことだが、これも業界伝説の一つ。簡単に言えば、「等級が低い粉」＝製粉時にもったいないので「外殻部（外皮）近くまで削りとって粉にした」ということ。小麦の外殻部はアリューロン層と呼ばれ、タンパク質、ミネラル、ビタミン類が豊富に存在する部分である。魚や肉に例えると「身皮」部分にあたる。このあたりの事情から「等級の低い粉ほど栄養価が高い」と言われるようになったと推察する。一方、等級の高い小麦粉は中心部の白い胚乳部分を中心に製粉されていたので、上質のタンパク質とデンプンが主体となり、「栄養価は低いが美味しいパンができる」と言われていた。

漂白粉はなぜなくなったのか？

　昭和50（1975）年頃だろうか、とかく世の中は「がん」に関しての話題が多く扱われ、食品素材においても「発がん性のあるもの、ないもの」が消費者団体などの活動を活発化させていた。「漂白小麦粉」もその対象であった。クリーム色の小麦粉を白い粉に漂白するには、製粉の最終段階で小麦粉のタンクに大量の塩素ガスを吹き込んで小麦粉を空中に舞わせる。その間に小麦粉の微粒子に沈着している黄赤色の色素、カロチノイドが分解されるので、ややくすんだクリーム色から乳白色に変化する。当時の厚生省の見解は「グレー」だったが、製粉業界の自主規制により昭和52年に全製粉会社が「漂白粉」から「無漂白粉」に転換した。

　話はそれるが、昭和30（1955）年代は漂白粉でつくった、クラムが真っ白なパンが評価された。それは「ふっくらとした真っ白なパンの身を食べると頭が良くなる」といった都市伝説があったからである。今の人には信じがたい話であろう。

国内産パン用粉のゆくえ

　従来のパン用小麦粉に使用された国内産小麦の多くは、そもそも遺伝的には麺用の小麦であり、それを原料とする中力粉が各製粉メーカーの工夫のもとに、パンの風味の改善、パンの食感の改善などを目的として、パン用中力粉、ある

いはフランスパン専用粉などへのブレンド用として使用された。

1980年代後半になり、北海道産の春まき小麦「ハルユタカ」が国内産初のパン用小麦粉として開発されて脚光を浴びた。さらに2000年代初頭に入ると北海道の生産者並びに農業試験場をはじめとする各研究機関の開発が進み、国内産パン用小麦の品種改良と作付けが改善された結果、国内産小麦粉の製パン性が劇的に向上した。

2000年代半ばにはハルユタカとアメリカのパン用品種「stoa」を父母に持つ「春よ恋」、北海道品種とハンガリー品種を父母に持つ秋まき小麦「キタノカオリ」などパン用強力小麦が登場。さらに2000年代後半にはキタノカオリを父に持つ超強力小麦「ゆめちから」が開発される。また2013年から一部の大型ベーカリーでもゆめちからを筆頭とした国内産小麦使用の食パンや食卓ロールがスーパーなど量販店のパン棚を賑わすようになった。

現在、北は北海道から南は九州まで、各地の農研機構、全農、JA、そして地方自治体が、次世代のゆめちからや新たな新種の育種に取り組んでいる。30余年前に誕生したハルユタカに比べ、現在のパン用小麦粉は、収量の増加、病害耐性（赤カビ、穂発芽など）の向上、タンパク量の増加と質の向上などさまざまな面で進化しているが、掛け合わせ種では未だ市場を満たすだけの質・量ともに安定供給は難しい。

遺伝子のゲノム解析が進化した今、今後は日本の気候・風土に適応した新たな「ハイブリッド小麦」（註）に期待を寄せるところである。実際、2019年に福井県立大学生物資源学部の村井耕二教授らチームが日本初のハイブリッド小麦の開発に成功した。筆者は、米も含め穀物類の作付け面積が少ない日本で自給率を上げるためには非常に有効な手段であると考える。特に「遺伝子組み換え」の農作物や食品に対して国内では是々非々の多い中、ハイブリッド小麦は安定供給への近道になるかもしれない。

（註）一般的にハイブリッド（雑種）小麦は環境の変化に強く、収量も増加傾向にある。イネ科の小麦は稲同様に、自分の花粉が自分の雌しべに付いて種子ができる自殖性植物。ハイブリッド小麦の開発には花粉をつくらない"母親"と、別の品種の"父親"と掛け合わせる必要がある。

喫茶店のモーニング！

　戦後、日本の伝統食文化となった喫茶店のモーニングセット。平均的なモーニングセットは、トースト1枚とコーヒーと茹で卵の組合せである。優秀とは言わないが、これが案外栄養のバランスがとれた朝食となっている。

　エネルギーは、バター付きトーストが、6枚切りの食パン1枚：約170kcal＋バター（4g）：30kcal＝約200kcal。砂糖、クリーム入りのコーヒーが、ブラックコーヒー（カップ1杯100mℓ）:10kcal＋砂糖（5g）:20 kcal＋コーヒークリーム（6g）：約20kcal＝50kcal。トーストとコーヒーの合計は250kcalとなり、まずまずのエネルギー量となる。

　栄養面はと言えば、圧倒的に炭水化物が高く、脂質、タンパク質と続く。食パンには、ビタミンA群はβ–カロテンが若干量、ビタミンE群は微量、ビタミンC、Dは皆無であるが、ビタミンB群は1、2、6、12とバランス良く配分されている。ミネラルは多種含まれているが、特にナトリウム、カルシウム、カリウム、マグネシウムは小麦粉と食塩由来で豊富に含まれている。

　秀逸なのは茹で卵（1個50g）：75kcalである。エネルギーはともかく、茹で卵は8種類の必須アミノ酸を含み、プロテインスコアも100ポイントである。茹で卵が加わることで、喫茶店のモーニングセットが総合的にバランスのとれた朝食に変貌する。マルチタレントの卵のなせる業である。

6枚切りトーストとコーヒー、茹で卵のモーニング

パンとご飯、どちらが消化が早い？

　日本人（特に男性）の中には、「パンは腹持ちが悪い！」と言う人が多いような気がする。だが、これはまんざら気のせいではなく、実際パンはご飯に比べて消化が早いので、「お腹が空く」のも早く感じる。これはパンとご飯の組織構造の違いにある。

　パンのクラムはスポンジ状で、胃の中に入ったパンは一気に胃酸や消化液を吸収してクラムが膨張する。その後、膨張したクラムは胃の伸縮活動によりホロホロと瞬く間に崩壊し、2時間程度でドロドロのペースト状になる。

パンの消化

ドロドロ

約2時間

胃の中に入ったパンの消化

　一方、炊き上げたご飯は、1粒1粒がデンプンがぎっしりと詰まった完全な粒状を形成している。胃の中に入ったご飯は粒の表面から徐々に消化されるので、食後2時間ではまだ米粒が残った状態であり、ドロドロのペースト状になるのに3〜4時間程度かかる。ご飯は粒飯を一気に胃の中に落とし込むので満腹感もあり、消化に時間がかかるため腹持ちが良いと感じるのである。

パンとご飯、どちらの栄養価が高い？

　食事としての比較は飲料、副菜などが大きく影響するので、ここでは単純に同一量を食した場合のパンとご飯の栄養価を比較したい。

　平均的な市販の6枚切り食パンは66g/1枚。これを100g換算すると6枚切り食パンは1枚と1/3となり、エネルギーは248kcal/100gとなる。一方、うるち米を精米して炊いたご飯は156kcal/100gとなる。100gのご飯は小さめのお茶碗に軽く1杯といったところ。パンとご飯を同量摂取した場合、総合栄養価ではパンの方が勝っていると言える。

　ただ、ダイエット的には、ご飯の方が総合的に見て優れていると言える。その

理由は、パンは紛体加工品なので小麦粉以外に糖類、油脂、乳製品などが含まれており、エネルギーは高くなる。反面、ご飯は米粒と水だけで炊き上げるので、純粋に米粒だけのエネルギーとなる。要するにパンとご飯いずれも長所や短所があるので、勝ち負けはともかく「基礎食料品」として食事全体をお考えいただきたい。

トーストのルーツ

トーストの最大の魅力は、食パンの耳はサクッと、クラム表面（断面）はパリッと、身はしっとりとした食感の対比によって生まれる美味しさであろう。パリッ、サクッとした咀嚼感に包まれた甘く香ばしいトーストの表面と、ホクホクとした柔らかなパンの身の味わいと食感は絶妙のコントラストである。

イギリスではローフ型で焼いた食パンのことを「ブレッド」と呼ぶが、そのルーツは17世紀頃にロンドンでつくられはじめた「ティン・ローフ・ブレッド」（錫でできた焼き型に入れて焼いたパン）とされている。蓋をせず山形に焼いた「ブラウン・ブレッド」は、のちにトースト用ブレッドとして発達し、19世紀にはイギリスを代表するブレッドとなる。ブラウン・ブレッドをスライスして、フライパンなどで焼いたものや金網に挟んで直火で炙ったものがトーストのはじまりとされている。

ちなみに、世界最初のトースターは19世紀末にイギリスのクロンプトン社から発売された。電気で鉄線を熱した網の上で、スライスパンを手でひっくり返して片面ずつ焼くタイプだったようである。

パンとご飯の成分比較

栄養素	白ご飯 (100g)	食パン (100g)
エネルギー	156kcal	248kcal
水分	60.0g	39.2g
タンパク質	2.5g	8.9g
脂質	0.3g	4.1g
炭水化物	37.1g	46.4g
ミネラル	75.2mg	664.3mg
ビタミン	0.50mg	2.57mg
食塩	0.0g	1.2g

※ミネラルはカルシウム、リン、鉄、ナトリウムなどを含む。ビタミンはA、B、C、D、Eなどを含む
※お茶碗1杯のご飯は約140g、パン1斤は約400g

出典：食品成分表2020年版（八訂）より

トーストの化学反応

スライスパンの厚さにもよるが、通常の生食パンであれば2～3分、冷凍したものであれば4～5分で、こんがりトーストが焼き上がる。その化学反応は概ね以下の通りである。

❶ トースト表面に生じる化学反応。

   ① メイラード反応による黄褐色化（150～160℃）。

   ② カラメル化による茶色系の着色（190～220℃）。

❷ トースト内部で生じる化学反応。

   ① 硬化したクラム内水分の再循環（蒸し効果）。

   • 再加熱による自由水の気化。

   • エントロピー効果（エネルギーの拡散）(註)。

   ② 老化（β化）したデンプンの再α化（芯温＞70℃）。

   ③ 熱変性で硬化したタンパク質（グルテン）の軟化（芯温＞70℃）。

また、冷凍した食パンをトーストするとよりおいしく感じられるのは、以下のような理由からである。

❶ 冷凍することで、パンの硬化を防ぐことができる（水分の蒸発防止）。

❷ 冷凍により一度氷結化した水は、再加熱の際に早い段階で氷から水、そして水蒸気へと変化するので、パンの身をよりしっとりとさせる。

❸ 冷凍する際、空気中の水分がパンの断面に霧氷化して氷結化する。これが再加熱時にスライスパンの表面に霧吹き効果を生むので、パリッとした表面のトーストに焼き上がる。

（註）エントロピーとは熱力学の用語で、一つの物資が持つ内部エネルギーに外部エネルギー（圧縮や膨張などの仕事エネルギー）を加えた総エネルギー（エンタルピー）のこと。ここで言うエントロピー効果とは、「熱力学第二法則」においてエントロピーは、熱エネルギーは熱いものから冷たいものへ移動するが、冷たいものから熱いものへは移動しないような「不可逆現象」においては増大し、「可逆現象」では一定となる、ことである。
工学院大学の山田昌治教授のレポートによれば、このトーストの美味しさの秘密は「熱力学のエントロピー増大の法則」によるものであり、食パンを高温で焼くと、表面は熱く、中は冷たい状態になる。表面と内部に温度差の勾配（坂道のような傾き）が生まれると、その温度差を均一にするために食パンの中では外側の温まった水分が中央に移動する。その結果、焼く前よりも中心部分の温かい水分が増えるので、トーストが美味しく焼けるというわけである。

トーストの熱移動

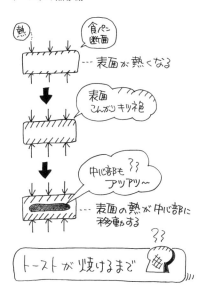

戦後のパン食文化

　1945（昭和20）年の第2次世界大戦の敗戦以降70数年が過ぎ、日本はあらゆる分野で近代化が進み、発展を遂げてきた。そのような中で、日本人の食文化にも大きな変化が訪れたことは周知の事実である。今日、パンの年間売上げが米のそれを上回って久しい。これは日本において、新たな3大基礎食料品（米飯、パン、麺類）が確立したことを意味している。

　次頁に戦後のパンの発展について簡単な年表を作製したので、参考にしていただければ幸いである。パンが戦後70数年間でどのような変遷をたどったのかを知ることで、我々のパン食文化を理解する手助けになると考える。

戦後のパンの発展史

1950（昭和25）年〜 学校給食開始
（コッペパンが流行する）

1952（昭和27）年 砂糖が統制品から免除される

12月にペコちゃんの「不二家」が
戦後初のクリスマスケーキを販売

1955（昭和30）年〜 第1次食パンブームの到来（大手製パン企業躍進：
山崎製パン、神戸屋、敷島製パン、フジパンなど）

※ 昭和33年：チキンラーメン登場
（インスタント食品の火付け役となる）
※ 昭和39年：東京オリンピック開催

1966（昭和41）年 「ドンク」青山店登場
（フランスパンブームの
火付け役となる）

1970（昭和45）年 「アンデルセン」青山店登場
（デニッシュブームの火付け役となる）

※ 昭和45年：日本万国博覧会開催

1971（昭和46）年〜 「マクドナルド」1号店が東京・銀座にオープン

※ 昭和47年：冬季札幌オリンピック

ベーカリーのナショナルチェーンが台頭する：ドンク、
アンデルセン、サンジェルマン、ポンパドウルなど
ベイクオフショップの本格化：冷凍生地の登場

1974（昭和49）年 「セブン-イレブン」1号店が東京・豊洲にオープン

1977（昭和52）年〜	小麦粉全面的無漂白実施 （発がん性危惧） リテイルベーカリー時代の到来 ベーカリーレストラン・カフェ登場
1987（昭和62）年	ホームベーカリー登場（現パナソニックなど）
1989（平成元）年	北海道産パン用小麦粉「ハルユタカ」登場 ※ 元号が「昭和」から「平成」へ ※ 消費税3％導入
1990（平成2）年	パン生産額1兆円超え（1兆1620億円） 外食産業市場規模は25兆円
1996（平成8）年	「スターバックスコーヒー」1号店が東京・銀座にオープン アメリカン・カフェブーム：スターバックスコーヒー、 シアトルズベストコーヒー、タリーズコーヒーなど ※ 平成9年：消費税5％に引き上げ
2013（平成25）年	国産小麦「ゆめちから」食パン販売開始 パンの売上げが米の売上げを超える
2014（平成26）年	パンの年間総売上げが2兆円を超える 高級生食パンブーム ※ 消費税8％に引き上げ
2019（令和元）年	日本パン工業会、「イーストフード、 乳化剤不使用」などの 強調表示の自粛を発表 ※ 元号が「平成」から「令和」へ ※ 消費税10％に引き上げ ※ 令和3年：東京オリンピック開催

第 5 章

パンのワンダーランド

「パンづくり」を行っていると、摩訶不思議な現象を
目の当たりにすることがある。
初心者の頃は何が「不思議」なのかがわからないが、
経験を積むと徐々に「??」と感じることが増えてくる。
それでも最初のうちは、パンはイーストのアルコール発酵を
利用した加工品で「生もの」だから、と片付けようとする。
しかし、それだけで済まないのが、
パンのワンダーランド（不思議な世界）で実際に起こっている、
なかなか理解しがたい現象である。
この章では、それらを概念的かつ数学的に
分析してみる価値はあるのではないかと考え、筆を進めた。
なお、多少「浪花節」的な表現もあるが、
筆者が「浪速っ子」ということで、お許し頂きたい。

パンへの道のり

　「ローマは一日にしてならず」「すべての道はローマに通ず」など400年余り存続したローマ帝国は格言の宝庫でも知られるが、数千年以上の歴史を持つパンも「パンは一日にしてならず」「パンへの道は一つにあらず」と言える。現在我々が食しているパンは、気の遠くなるような長い年月を経て、世界中で進化した食べ物である。それに加えて、パンは人類が生物学的に何百世代もかけてスクリーニングした結果、安全・安心な主食や基礎食料品として普及した最もユニバーサルな食品に進化した。その意味でパンは類まれな食品と言える。

　「パンづくり」も一朝一夕に身につくものではなく、「一日にしてならず」である。また、「目標とするパン」を製造するにあたり、そのゴールにたどり着くためのプロセスは幾多も存在する。やはり「目標とするパンへの道は一つにあらず」と言える。これらを個々の単位で修得するには、実践による経験則とそれらを次回に生かすための学習が必要となる。すなわち「ケースbyケース」であり「パンbyパン」の対応力が求められる。経験的にそれらを習得するには少なくとも5年10年といった歳月を要するわけである。

つくり手の憂鬱

　「パンへの道は一つにあらず」。ゆえにつくり手は一種の「憂鬱」に陥る。なぜならば現代の製パン法は多種多様で、選択肢がかなりの数となる。「これもいい」「あれも捨てがたい」といった風に、つくり手に迷いが生じるわけである。さらに付け加えれば、つくり手の性として「もっと美味しくできないか？」「もっと上手にできないか？」などとつい考えてしまう。これがつくり手の憂鬱の種となる。

　パンづくりをしていると、「意に反した」パンが焼き上がることがままある。つくり手は「同じようにつくっているのに！」と思うかもしれないが、パン生地の内部では無数の化学反応が生じているため、それらのうちのいくつかが造反を試みているのかもしれない。常にそれらの原因がわかれば苦労はないが、実際はそうはいかないので苦労する。要するに「正体不明」や「未確認」といった現

象が原因となり、つくり手の憂鬱を増幅させる。

これらの憂鬱からの確かな脱出方法は見当たらないが、一つ提案はできる。「試行錯誤 (trial and error)」による「問題解決 (problem solving)」である。ただ、やみくもに試しても仕方がないので、対象となる新たな技法や製法と既存のそれらを2〜3点比較することをお勧めする。製法から配合、製造過程、最終製品の判定(官能テストを含む)まで、できるだけ詳細なデータを集積して自らが客観的に総合評価を下すことが良いと考える。これを根気よく繰り返しているうちに、突然の「閃き」や「開眼」が訪れることがある。もしかしたら、新技法や新技術を開発するかもしれない。その時につくり手は憂鬱から解放されて、「やっていてよかった」と思うに違いない。

つくり手のジレンマ

つくり手は「良いパン」を目指して常にいくつかの方法や手段を試みるが、なかなか完全無比な方法には出会えない。一方はある一定の利点や欠点があり、もう一方には別の利点や欠点が見られる場合、なかなか「二者択一」「三者択一」とはいかない。これを「つくり手のジレンマ」と言う。論理学風の2つの仮説に対していずれも逆説の回答があるというわけではない。それぞれが「帯に短し襷に長し」なのだ！ 挙句に「板ばさみ」「八方ふさがり」状態に陥り、これもまたつくり手の憂鬱を誘発させる。

このような場合、筆者は唯物論的に考えるようにしている。一般的に唯物論とは「あらゆる物事の変化は、先行する物質的条件と、それを含む法則性をもとにして決定される」(『日本大百科全書』より)という、存在する事物に対する因果律の支配を認める考え方である。実在する物質の優先順位1位は、当然焼き上がった「パン」である。その因果律にあるものは何かと考えると、こね上がった「パン生地」となる。次に、ここが大事なところ、目を皿のようにしてそのパン生地の変化を見逃さずに追うことである。必ず何かが発見できる。製法、配合、工程など、対象となるものを比較するうちに、何らかの結論を導けると考える。

パンづくりの確率論

　何千回、何万回パンを焼いても、同じパンに出合う確率は限りなく"ゼロ"に近い。仮に「最高のパン」が焼けたとしても、二度とお目にかかれないであろう。つくり手は常に理想のパンを追い求めるし、そのための努力も惜しまないはずだが、パンの女神もそうそうは振り向いてくれない。

　「人間国宝」や「現代の名工」という方々のお話をテレビや雑誌などで伺っていると、皆さん口を揃えて、「死ぬまで勉強です!」とおっしゃる。確かにその通りであろう。ということは皆さん未だ百点満点には到達していないということである。なら、都合が良い。

　「最高のパン」あるいは「理想のパン」＝100点と設定した場合、現実の最高点は意識的に95点くらいがちょうどよい。これは「甲斐」の問題である。「ライフワーク」にするならばロングランを覚悟すべきであろう。満点に少し足りない方が、成長や進化の余地が確保できるので、「やり甲斐」もあり、「生き甲斐」にもなる。

　「理想のパンづくり」を確立するためにも、最高のパン、理想のパンの「相似形」を条件付きで容認するのはいかがであろうか? これは最高のパン、理想のパンの相似形に許容範囲をどの程度与えるかという問題である。皆さんのつくるパンの基準となる参考グラフを3パターンご用意した(「標準正規分布のグラフ」)。ただし、これはあくまでも仮想のシミュレーションである。

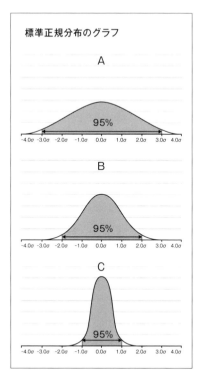

<条件>

1）上限を100点とした、任意の評価・採点とする。

2）合格点＝平均点とする。

3）サンプル数：100とする。

4）グラフ横軸：評価点、縦軸：サンプル数とする。

5）横軸の"0"を合格点＝平均点に設定する。

<グラフの性質>

グラフBは標準正規分布であり、自然科学の標準となるものである。その標準偏差（SD）±2σ（註）の範囲でサンプル数の95％（網掛部分）が分布するように設定してある。グラフAはSD：±3σの範囲でサンプル数の95％、グラフCはSD：±1σの範囲でサンプル数の95％が位置する。言い換えると、サンプル100のうち95がそれぞれの範囲に分布される。

<分析>

グラフBは合格点＝平均点＝75点、サンプルの95％が評価値、55点から95点の間に分散している。一般的な標準型のサンプルの分散を見る。グラフAは合格点＝平均点＝65点、サンプルの95％が評価値35点から95点の間に分散している。分散型の分布を見る。グラフCは合格点＝平均点＝85点、サンプルの95％が評価値75点から95点の間に分散している。集中型の分布を見る。

<結果>

グラフBは標準型（平均型）であり、サンプルのパンの多くが平均点付近となる。「まずまず」の無難型である。グラフAは分散型であり、サンプルのパンは平均点が低く、標準偏差の幅も広く、ロー・スタンダード＆クオリティーを示唆している。NG型である！　グラフCは集中型であり、サンプルのパンは平均点が高く、標準偏差の幅も狭くハイ・スタンダード＆クオリティーを示唆している。推奨型である！

<考察>

結果から導いた考察は、標準型（平均型）のグラフBのパン群は商品としては「可もなく不可もなく」である。グラフAのパン群は明らかに努力不足であり、商

品としては「不適格」のレベルである。一方、グラフCのパン群は非常に優秀であり、商品としても「太鼓判を押せる」レベルである。

　「最高のパン」「理想のパン」を日々目標としてパンづくりにいそしむのであれば、171頁の「標準正規分布のグラフ」に描かれている2次曲線が、AからBを経てCにたどり着く努力が必要となる。すなわち、低水準でむらが多いパンづくりから、高水準でむらの少ないパンづくりに移行すべきである。もちろん目指す究極の姿は、下のグラフ「理想のパンづくり」に描かれている、部分的な2次曲線である。要するに合格点以下のパンが極端に少なく、大半が合格点以上であり、時には95点以上のパンも出現するといった状態である。

　つくり手の皆さん、一度チャレンジなさってはいかがだろうか。

（註）標準偏差（SD）とは、データの散らばりの度合いを示す値。標準偏差を求めるには、分散（それぞれの数値と平均値の差の二乗平均）の正の平方根を取る。データが平均値の周りに集中していれば標準偏差は小さくなり、逆に平均値から広がっていれば標準偏差は大きくなる。

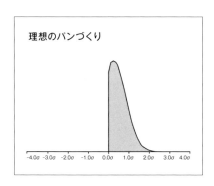

理想のパンづくり

パンづくりとファジー理論

　家電機器の「ファジー制御システム」や「人工知能（AI）」への応用など、「ファジー理論」は現在幅広く認識されている。そもそも「ファジー論理」とは、1970〜1980年に良く議論されたもので、「白か黒か」ではなく「その間に存在するやや黒みがかった灰色は？」と言った感覚的な言語表現をいかに数学的な変数に置き換えることができるかということであった。

　例えば、人の体温を36〜37℃として、素肌で感じることのできる「非常に寒い」という気温を10℃＝「0」、「非常に暑い」という気温を40℃＝「1」と設定する。その設定に置いて、人は20℃や30℃をどのように感じるか？

　これは数学的「確率論」と非常に似通った考え方ができる。すなわち0〜100%において、20℃や30℃は人にとって"X%"の暑さもしくは寒さであるという風に、取り巻く環境のファクターをできるかぎり変数化して導くものである。その結果、人にとっての20℃は70%の確率で「とても快適である」とか、30℃は85%の確率で「かなり暑い」といった曖昧な表現が可能となる。これがファジー論理の特徴であり、ファジー（曖昧）という名の付く所以である。

　今日のパソコンやマイコンのストレージ容量／CPUクロック（処理速度）は、1980年代に登場した初期タイプのMB（メガ：10^6バイト）／MHz（メガヘルツ）からGB（ギガ：10^9バイト）／GHz（ギガヘルツ）やTB（テラ：10^{12}バイト）／THz（テラヘルツ）と進化・増幅している。すなわち、現在我々が使用している機器・機種は、初期タイプの最低でも何千倍から何百万倍の能力を有していることとなる。加えて半導体技術の発達も伴い機器・機種の小型化・軽量化が可能となり、冒頭で述べたようにマイクロサイズの「ファジー制御システム」やノートサイズの「人工知能（AI）」が実現した。

　例えば、パナソニックのホームベーカリーは食パンだけでも数百通りのプログラムがあり、それらを滞りなくランさせるためのファジー制御可能なマイコンが搭載されている。この場合の制御ファクターとは「外気温」「庫内温度」「時間」であり、それらから「パン生地の雰囲気温度（予測される生地温度）」を予測して、「練り（生地づくり）」から「焼成（焼き上げ）」の全工程をファジー制御しな

がら管理している。特にミキシング時の「生地の雰囲気温度」が非常に重要であるのは言うまでもなく、その後の「発酵工程」や「焼成工程」の基本情報となっている。

パンの官能評価

　味や香り、見た目や食感は、食品を評価する需要なファクターであるが、すべては人の味覚や嗅覚などの「感性（五感）」によってなされる。原則的に食品の評価は個々人に属し、当然その評価と表現は「十人十色」となる。ただ、10人中7〜8人が「この○○は美味しい」と言えば、それは統計的に「美味しい食品」となり、それがあらゆるフードビジネスに共通した嗜好性における「需要と供給」の原点となっている。

　単純に商業ベースで言えば「つくり手＝売り手」と「食べ手＝買い手」が存在し、それぞれがパン（商品）の評価を行う。食べ手の側から言えば、「美味しい」と「不味い」には、「最高に」とか「最低最悪に」などそれぞれに最上級の形容詞的表現が存在する。そして、「美味しい」と「不味い」の間には、例えば「やや」とか「かなり」といったそれぞれの段階を示唆する表現が存在し、また「すっきりとした〜」とか「まったりとした〜」などそれぞれの個性を示唆する表現が存在する。

　過去数十年間、食品業界は「美味しいもの」「旨いもの」をつくるための研究を進めてきた。その一環として特に「味と香り」の分析を具現化するために、さまざまな食品分析機器が開発されてきた。21世紀に入ると非常に精度の高いセンサーが次々と登場した。コンピューター解析の進化もあり、500〜600種類以上の微量の味や香りの成分を簡単に検出・特定できるようになった。また甘味や酸味などの強さの程度を50〜60段階に小区分化することにも成功した。その結果、それらのデータがファジー制御に貢献する一方で、ファジーの壁も経験することになる。なぜならいくらパターンを増やしても人間の五感がそれらを感受できないと意味をもたないからである。さらに人の官能を表現する「やや」「かなり」などの程度を表す形容詞はそれほど数が多くない。やはり人の感覚的な言語表現を変数に置き換えるには限界があるということになる。

パンや菓子づくりを例にとると、通常ベーカリーや家庭で使用する10種類程度の糖質系天然加工糖（ブドウ糖、果糖、三温糖、ハチミツなど）の甘味度は、砂糖（ショ糖）を1.0として0.5〜1.5の範囲におさまる。そしてこの範囲ではせいぜい「かなり甘い」「そこそこ／まあまあ甘い」「ほど良く甘い」「やや／少し甘い」「微かに甘い」の5〜6パターンが人間にとって認識できる感受レベルである。つまり、「ほど良く甘い」と「やや甘い」の中間の甘さは認識できず、その表現の必要性もないと考える。

にもかかわらず、研究や開発の実際の現場では、数十種類の糖のそれぞれの甘味度を30段階程度に区分けしている。例えば、飲料製品などに使用されている非糖質系の天然合成糖の「ステビア」や人工合成糖の「アスパルテーム」は砂糖の約200倍の甘味度を持つ。中には「ネオテーム」のように砂糖の約1万倍の甘味度を持つ人工合成糖もある。要するに何が言いたいかといえば、我々は砂糖の100〜1万倍の甘味度を持つ糖類や甘味料をあらゆる飲料や食品に対して日常的に利用している。すなわち利用可能な甘味料すべてが対象となるので、研究開発に必要な分析値や解析値の整理に膨大な数の種分けや区分けが必要になる、ということである。

パンづくりのファジーな側面

少々前置きが長くなったが、パンづくりにおける「ファジーな側面」は、製造工程の至るところでその顔を覗かす。一例を挙げると、ミキシングの目的は「パン生地の完成」であるが、主題となるのは何と言ってもグルテンネットワークの形成であろう。だが、グルテンは温度、吸水量、完成度によってその状態を変化させる。簡単に言えば、低温低水分のグルテンは硬く、伸展性・伸長性に欠ける。逆に高温高水分のグルテンは伸展性・伸長性に富む傾向となる。完成度については実際のミキシングの強弱の内容と時間に相関するので、しばらく横に置いておく。例えば生地の目標温度を25℃とする場合、20℃にこね上がった生地との差異は見てとれる。だから、つくり手の意識としてそれなりの対処法を考える。上手くいくかいかないかは別として、生地をもっと温かい発酵室で

発酵させよう、発酵時間を10分延長しようなどである。

　では、こね上がった生地が25±1℃の場合はどうか？　±0.5℃の場合は？「この程度は問題ない」のであれば、問題ない。しかし、「目標とするパン生地」に、「目標の生地温度」に、そして各自が構築したアルゴリズムに対して忠実になろうとすればするほど、つくり手には葛藤が生じるし、この段階でファジーな側面が出現する。

　生地温度の0.5〜1.0℃の差異が後のパンづくりにどのような影響を及ぼすのか？　これは実験レベルでも明確な解答は得られない。ただ、2〜3℃の差異があると実験結果も違ってくる。例えば「イーストが活性化／不活性化した」「グルテンが軟化／硬化した」からであろう程度の推察はできる。そして次のステップで「この生地は発酵時間を長く／短くしよう」という予測が成立する。

　しかし、残念ながらパンづくりには推察不可能な領域が存在する。それが前述した±0.5〜1℃の世界である。この範囲では、パン生地の深層で活発な化学反応が起こり構造を変化させても、表層の変化は一見してわからないことが多い。だからつくり手は過去に25℃でこね上がったパン生地は、「すべて上手くいった」「上手に焼けた」という実績を信じてパンを焼く。愉快なことは、確率論など考えたこともない人が、±0.5〜1℃の生地は「相似形」の出現であり、「上手に焼ける」確率は95％以上であると信じている。すなわち「ファジー理論」は「確率論」の裏返しに当たる部分でもある。そしてそれが「ファジーのファジーたる」所以でもある。

　現実のパンづくりは近似値だらけの「適当の塊」である。それにもめげずに自己で構築したアルゴリズムを実行するには、過去の確率のもとに証明された「実績」と新たな感性を持ってファジーの壁を乗り越える必要がある。

ファジーの処方箋は「経験則」

　パンづくりにおけるファジーの壁をどのように乗り越えるか？　筆者の提案は「ファジーにはファジーを以って制する」である。随分昔のことになるが、テレビで旋盤工のドキュメンタリー番組を見た。旋盤名人がやり終えた仕事を検分す

るのに、何かの金属だろうがその削り取った表面をしばらくの間じっと見つめて、おもむろに右手の指の腹をその表面にさーっと滑らせた。触れているのかいないのか、見ていてわからなかったが、その金属片は検分を通過した。ナレーションの説明によれば、この名人は何十μmの誤差を感知できるらしい。びっくりしながらもその時に「パン生地の見立てもこれだ」とふと思った。パン生地を見極めるには、つぶさに観察することと、指の腹の触感を鋭敏にすることが必要だと思った。以来十数年が経って、ある日を境に一目一触で「パン生地の機嫌」がある程度わかるようになった。

　筆者のような人種は毎日毎日、何百何千個とパンを焼くわけではない。だから何十年も経験のある巷のベーカリーのご主人にはかなわないまでも、そのつどパンづくりに集中することで経験不足をカバーしてきたつもりである。だから、今では「パン生地の主治医」でありたいと願っている。

　ファジー対策の基本的な処方箋は「試行錯誤（trial and error）」である。これは思考や学習の経験値の積み重ねによる修正・改善を意味するが、ここでは「感性や感受性の上乗せまたは上書き」を大切にして頂きたい。「パン生地の機嫌」がわかるようになると、パンづくりのすべてのステージでその感覚を生かせるようになる。それらを繰り返していると、やがて「パン生地が何を望んでいるか？」といった処方箋もおのずと見えてくる。ファジーの壁を克服するには一種のおまじないをかければよい。ファジー用語の「もう少し！　もうちょっと！」、これが感覚的につかめたらしめたものである。例えばこの生地はもう少しミキシングをかけよう、この生地はもうちょっと発酵させよう、もう少し焼き込もう、などである。ただ「もう少し！　もうちょっと！」にはつくり手の感性が折り込まれるので、個々において程度の違いが生じるが、それは問題ではない。自身の感性と感覚を信じればよいだけのことである。

　ちなみに筆者の場合、ミキシングの「もう少し」は1～2分。「もうちょっと」は30秒。発酵の見立ての「もう少し」は5分、「もうちょっと」は3分。焼成の「もう少し」は1～2分、「もうちょっと」は30秒とある程度の数値化を図っている。当然、対象となるパンの配合比、形状や重量の違いによって「おまじない」は

微調整を必要とするので、そのあたりは留意していただきたい。

パンづくりで生じるカオス

『空飛ぶフランスパン』（筑摩書房）の中で、著者の金子郁容氏は「カオス」について、クロワッサンを題材にこのように分析している。バターを生地に折り込む作業時によく起きる失敗例として「バターが一様に延びないで塊になってしまうことだ。……塊はここにあるなと思いつつもう一度折り返すと、その塊がどこかに行ってしまうのだ（中略）バター塊の動きはなんとカオスを生成しているのだ。…… ドウを繰り返し折り曲げるという操作は、見かけは単純であるが、実は、『自己相似形』を無限に作り出すという本質的に複雑な過程で、カオスを形成することが知られているランダム数列を発生させるアルゴリズムとよく似ている」。

この件を数年前に再読して、これは「アメリカンパイ」そのものではないかとピンときた。アメリカンパイの基本形は、小麦粉、食塩、砂糖、水に、よく冷やした賽の目にカットしたバターを加えて、一塊の生地にこね上げる。それを薄く伸ばすと、長方形の生地表面にゴロゴロとしたバターの塊が大小さまざまな形であちらこちらに散らばっている。その生地を冷蔵庫でしばらく休ませてから3つ折りにしてまた伸ばす。この作業を3～4回繰り返すと、滑らかな生地表面とは言いがたいが、少なくともバターの塊は消えてしまう。これは折り込み作業を繰り返している間に、バターの可塑性が働き生地中のグルテンに沿って浸透した結果である。表層にはなんの規則性も持たない「練り込みパイ生地」の混沌たる状態から、「折り込み作業」という新しい秩序が発生した結果、「折り込みパイ生地」という確かな実体を持つカオスを形成している。

表層のカオスと深層のカオス

この表層的なカオスの出現はパン生地の「丸め」の作業にも当てはまる。生地の分割時に無作為に切り取られたパン生地（重量は同じ）は、手作業の場合はさまざまな形状をしている。また、時間の経過とともに生地発酵も進行し、前半と後半では炭酸ガスの保持量も変わるので生地の様相も変化する。生地の丸

めとは基本的に支点を定めた後、その支点を中心に何回かの回転運動の中で生地表面が支点に手繰り寄せられるので、パンッと張った球形となる。丸めを担当する人間の上手い下手もあれば、担当する人間によって回転数や回転方向（時計回り／反時計回り）もまちまちである。当然、丸めた生地にも格差が生じて、実務レベルでは後のオペレーションに影響を及ぼし、調整を余儀なくされる。しかしながら、適当な形に「切り落とした生地」は「回転」を加えるという新しい秩序のもとで、「丸い（球形）生地」という実体を持ったカオスを形成する。そしてそのカオスの源となるのは、一定方向に繰り返される回転中にグルテンが伸張と抗張を繰り返しながら形成したグルテンネットワークの伸展性であることは間違いない。これは筆者の勝手な推測であるが、カオスというのは何の規則性もない混沌たる状態でありながら、新しい秩序が発生する源でありえる「触媒」のようなものではないだろうか。

　以上パン生地の表層（表面）で生じるカオスについて述べたが、実は深層（深部）においては至るところで頻繁にカオスが形成されている。簡単に言えば、原子や分子が結合や遊離した後に重合や縮合を経て、新たな化合物を生成・合成することである。このミクロ（μm：10^{-6}m）やナノ（nm：10^{-9}m）の世界では、まるで分刻みで核爆発が起こっているがごとく次々と反応が生じている。

　パン生地やパンの切片を、走査型電子顕微鏡（SEM：数万倍）で物質（有機物や細胞など）の表層をミクロのレベルで、また透過型電子顕微鏡（TEM：数十万倍）でまるでレントゲンのごとく、物質の内層をナノのレベルの映像で見るとよくわかる。最初にお断りすると、パン生地内部の話は煩雑になるので主人公のみを舞台に残し、その他の役者には袖に引いていただくことにする。

　生地づくりの第一歩、ミキシングを開始して生地が一塊になった段階では、大小の、デンプン粒や小麦タンパク質のグリアジンとグルテニン、そして水分子がランダムに点在している。この時点ですでに「混沌たる状況」と言えなくはない。ミキシングを継続すると、小麦タンパク質が徐々に水を吸収してグルテンを形成するが、その時デンプン粒はグルテン間もしくはその周囲に絡みついた状態となっている。これには複数の化学結合が関与しており、代表的なものを挙げる

と ① イオン結合、② 水素結合、③ 疎水結合、④ ジスルフィド結合（S-S結合）などである。これらの化学結合が新しい秩序となり、カオスを形成して新たなグルテンという実体を創造する。また、これらの結合はそれぞれのタンパク質を構成する、特定のアミノ酸に位置する特定の原子としか結合しない。ここまでくるとこれはすでに「法則」「ルール」と呼ぶべきであろうか？　いずれにせよ、これらの化学反応を幾度となく繰り返すことで最終的にグルテンネットワークが形成される。すなわち、グルテンネットワークが完成するまでに、新たな実体を持つカオスの出現も幾度となく繰り返されるわけである。

正のカオスと負のカオス

　理論上はここで一段落のように見えるが、実際はそうではない。残念ながら、グルテンの完成が、そのまま生地の完成とはならない。グルテンネットワークが完成した時点で、パン生地は最も強い結合を持つジスルフィド結合（S-S結合）によって弾性が強くなる。その結果、弾性が強すぎると、発酵時に生地の膨張の妨げとなる、生地の丸めや成形時に加工がしづらい、などの弊害が生じる。

　実務に携わる多くのパン職人は経験的にこのことを知っている。彼らは「伸びの悪い生地」を好まない。だからミキシング中も生地の弾力もさることながら、それ以上に伸長性・伸展性が回復しているかを気に掛けている。だから、グルテンの完成前後で、生地の完成をつかまえる。登山に例えるならば、登りの9合目辺りと下りの9合目辺りにあると言えよう。登りでつかまえるか下りでつかまえるかは、パンの種類とパン職人の経験によるところが大きい。

　一つだけ具体例を挙げると、リーンなパンの代表、フランスパンは生地に過度な水和と乳化そして伸長性を求めないので、グルテンネットワークが完成する前に生地の完成を求める。逆にリッチなパンの代表、ブリオッシュは生地に十分な水和と乳化、そして伸長性を求めるので、グルテンネットワークが完成した後に生地の完成を求める。この場合は技法的に、しばらくの間ミキシングを継続して生地の緩和を図る。これは生地中の酵素作用や科学的にはS-S結合が一部壊れることにより、もとのSH基に戻るという還元作用が働くからである。

ここでは「山を下る」といった新しい秩序のもとにリバースかつネガティブな化学反応が生じて、カオスを形成して新たな「破壊されたグルテン」という実体を創造する。ちなみにこの場合のパン生地はデレデレ、ベタベタといった状態である。仮にグルテンネットワークが完成するまでの現象を、（＋）のカオスとして捉えるならば、グルテンネットワークが破壊される現象は（－）のカオスとなる。

　カオスの概念は物理学的、数学的であり、哲学的でもある。本著で取り上げた意図は「マンネリズム（mannerism）」の打開と「既成概念」の打破である。「日常化したパンづくり」に異議を唱えるつもりはないし、「無秩序」や「混沌」の言葉遊びをする気は一切ない。アナーキーではないのだから。あえて言えば視点を変えて物事を見ることが、新たな独創性や独自性の模索に役立つのではないかと考えたからである。

　「パンづくり」や「パン生地」には、まだまだ我々の知りえない未知の部分が多く存在する。そのあたりに意識を向けることで、新たな「道筋」が見えてくるかもしれない、ということを提唱しているに過ぎない。そして、それがパンづくりにいそしむ多くの人々へ、新たな「パンへの道」が開拓されることを期するものである。

パンづくりのパラドックス

　焼き上がったパンの出来が「納得できない」ことがしばしば起こる。ミキシング後の生地温度が予定より5℃低かったとか、生地の発酵時間が予定より10分短かったとか、それらの理由で生地が発酵不足となり、結果としてパンのボリュームが非常に乏しいものとなった、というような顕著なミスであれば問題ない。これらはどちらかと言えば「イージーミス」「ケアレスミス」の類である。次回以降、つまらぬ間違いを正せばよいだけのことである。

　問題はつくり手自身が「目標とするパン」に限りなく近づけようと努力を重ねている場合である。5℃ではなく1〜2℃の生地温度の違い、10分ではなく2〜3分の発酵時間の違いにもこだわり、本人なりに十分な生地管理や工程管理をしている自信があるのに、焼き上がったパンは期待に背き「今一つの出来栄え」

になるという最悪の状況。これは上級者ほど陥りやすいジレンマである。無常にもパンづくりにおいて「負のパラドックス」が発生している。

一方、生地管理や工程管理で負の要素を認識しているにもかかわらず、焼き上がったパンは「なかなかの出来映え」という場合もある。この場合は多分（－）×（－）＝（＋）といった「正のパラドックス」が生じた結果であろう!? これは「ご愛敬」ということか。時にこのような矛盾が生じるからこそ、パンづくりは難しくも面白い！

AIのブラックボックスとカオスの関係

筆者の趣味の一つに将棋がある。ここ10数年来はAI将棋のお世話になっているが、10数年前は「平手（スクラッチ戦）」でもたまには勝てた。が、ここ数年のAIの進化はすさまじく、今では「飛車落ち（ハンデ戦）」でも一度も勝てない。さすが1秒間に何億手も読むだけのことはある。AIはそのアルゴリズムのもと、ディープラーニング（自己学習）を重ねて最終的に最善手を導く。実際、AIの表層には数手の候補手が存在し、それぞれの候補手には「勝利への道の確率」が示されるといった具合である。

しかしながら、AIの表層は氷山の一角に過ぎず、アルゴリズムの大半を担う水面下の深層では短時間で膨大なステップを処理している。AIがはじき出した答えを学習で得られた機構が数式に表すことは可能らしいが、問題はそれらが概念的に「何を表しているか？」もしくは「どうしてその答えに至ったか？」をコンピューターが説明できない部分として露出してくることである。それが「ブラックボックス」である。

最近では滅多に起こらないが、一昔前のAI将棋は時々我々にはまったく理解できない無駄で意味のない「トンチンカンな一手」を指した。これも一種の「ブラックボックス」である。要するにコンピューターが「答え」を数値化できていたとしても、それを人間に言語で伝えることができないこと。また、その答えを導いたプロセスを人間に伝えることができないということ。ひょっとするとそのあたりにAIのファジーソリューションの葛藤があるのかもしれない。

もう一つはコンピューターに生じるカオスであろう。たとえば π（円周率）= 3.14とプログラムすれば、いかなる数式であろうが、それが膨大であろうが、コンピューターは一瞬にして予測できる。しかし、π（円周率）= 3.1415926535 8979323846…の場合はコンピューターでは無限桁を扱えないため必然的に発生する数値解析の過程での誤差によっても、得られる値と真の値とのずれが増幅される。そしてそのために予測が事実上不可能というカオスが生じる。言い換えれば、コンピューターでは、無理数や無限桁を有限桁数で打ち切って処理をする際に生じる小さな誤差が、計算式によっては結果に大きく影響することである。たとえ、グーグルのクラウドコンピューティングを活用してπの小数点以下を31兆桁処理しようが、神戸の理化学研究所にある世界一のスーパーコンピューター「富岳」の処理速度が毎秒44京2010兆回であっても、結果は同じであって問題の解決は別にある。

　筆者はコンピューター専門家ではないので、コンピューター上に生じる「ブラックボックス」と「カオス」の関係性についてはよくわからない。ただ、AIと将棋を指していると、時にAIが予測する「候補手」に、ファジーともカオスともブラックボックスとも解釈できるものを見ることがある。そしてこの違和感のもとは何だろうと、それぞれの関係性の有無に興味が湧く。もちろん理論的なものは一切なく、感覚的な疑問である。

パンづくりのブラックボックス

　パンづくりにもよく似た「ブラックボックス」が存在する。製造者は設定したアルゴリズムのもとにある程度の結果を想定してパンづくりを実行する。最終的に「目標とするパン」と「実際のパン」もしくは「想定した結果」と「実際の結果」が近似する場合はそれに納得して満足できるが、逆に負の差異が生じた場合はその結果に納得できず不満足となる。そして原因や理由を追求するが、感覚的にはファジーな側面が覆いかぶさり、論理的には深層のプロセスが解明できないというブラックボックスの壁が立ちはだかり、明確な解答を得ることができないことがある。

ただ、理論上の説明がつかないからといって手をこまねく必要はない。その場合は焼き上がったパンを一つの事象ととらえて、「ケースbyケース」や「パンbyパン」の経験値として、自身の「感性」という名の銀行に貯金すればよい。実際のパンづくりでは経験則は増えれば増えるほど対応力が増すから、これは立派な武器となり、ブラックボックス対策の一つになり得る。実際、パン職人は経験則と感性が豊かであれば、科学に頼らずとも十分に美味しいパンを焼き上げることができる。これが人間の能力の素晴らしいところである。

　よく「パン生地は生き物である」と聞く。これは生きた酵母を使って、パン生地を発酵させるから、そのパン生地は「千変万化」であるという意味で使われていると筆者は理解している。まさにその通りで、パンづくりには「ファジーな側面」や「ブラックボックス」も存在すれば、「パラドックス」や「カオス」も生じる。多くの不確かで曖昧な部分があるからこそ、パンづくりは「ややこしくも楽しい！」のである。

おわりに

　パンというのは不思議な「生き物」である。いくら四角四面に考えても、愚直に取り組んでも、焼き上がったパンは優しさや柔らかさを感じさせる。たとえそれがどっしりとした大きな黒パンであっても……だからといっていい加減な取組みを勧めているわけではない、などと想いを馳せながら本書の筆を執る。

　本書はどちらかと言えば、パンづくりの「提案書」であり、「指示書」である。だから技術詳論や科学的な解析などはできるだけ省略し、「パンづくり」をいかに捉えるか？　どのように考えるか？　といった、やや抽象的なテーマを掲げている。すなわちパンづくりの概念化を図った結果、本書のような形態と内容になってしまったというのが正直な感想である。

　今日では多少制限はあるものの、辞書や百科事典にはじまり電子ジャーナルや学術論文、そして図版・画像や動画の検索に至るまで、「その気」「やる気」になれば、スマートフォンがあれば大抵のことは学習できる。そのような思いもあり、本書は思い切って「知識の供給型」から「思考の提案型」への移行を試みた。それゆえ説明不足な箇所や表現の拙いところについては、今後の反省点としたい。そのあたりは読者の皆さまにぜひともご容赦いただきたい。

　加えて「またか！」とおっしゃる読者も多いかと思われるが、今回も懲りず

に「足らずの文章」の手助けになれば、とイラストや図版を導入した。効果絶大（と思っている）！ イラストと図版、それぞれを担当して頂いた辻調グループ校の栗田直美さんと中村紘尉さんには随分と無理なお願いをして困らせた。お二人には厚く感謝を申し上げたい。

　話は変わるが、ここで本書が上梓されるまでのいきさつについて、少しお話をして末文に代えさせていただきたい。2019年の初秋だっただろうか？当時柴田書店の取締役書籍部長の吉田直人氏より、かねてより企画に上がっていた「パンづくりのメカニズムとアルゴリズム」を正式に出版しましょう！ と筆者のもとに一報が入った。有り難いことに吉田氏自らが担当編集者となるという。以来、二人三脚でことを進めるも束の間、その年の暮れに吉田氏が重篤な病に倒れられる。その後、懸命な闘病生活も虚しく本年1月に永眠されたことは本当に残念であり、無念である。改めて、故人のご冥福を心よりお祈り申し上げる。本書は後任の書籍部長となられた黒木氏が吉田氏の遺志を引き継いで編集を担当された。本書が無事上梓できたのは、途中から引き継がれた黒木氏のひとかたならぬご尽力の賜物である。黒木氏には重ね重ねお礼を申し上げたい。

令和3年7月7日

著者しるす

索引

188

吉野精一（よしの せいいち）

1956年大阪生まれ。辻製菓専門学校非常勤講師。American Insutitute of Baking製パン科学学科、Kansas State University農学部穀物学科を卒業後、1986年に辻製菓専門学校に入職、2021年に退職、現在に至る。長年にわたり、「製パン科学と技術」の両面からパンに専心・追求する。製パン技能士および科学者として学術界並びに産業界から高い評価を受ける。また、穀物を中心とした食文化や歴史にも精通する、国内外でも有数の研究家として活躍中。著書に『パン「こつ」の科学』（柴田書店）や『パンの科学』（講談社）など多数。

デザイン	筒井英子
図版	中村紘尉
イラスト	栗田直美
	島内美和子（11、166〜167頁）
写真	エレファント・タカ
校閲	坂根涼子
編集	吉田直人、黒木 純

**パンづくりの
メカニズムと
アルゴリズム**

初版印刷　2021年9月25日
初版発行　2021年10月10日

著者 ⓒ	吉野精一
発行者	丸山兼一
発行所	株式会社 柴田書店
	〒113-8477
	東京都文京区湯島3-26-9 イヤサカビル
	営業部　03-5816-8282（注文・問合せ）
	書籍編集部　03-5816-8260
URL	https://www.shibatashoten.co.jp
印刷・製本	株式会社 光邦

ISBN　978-4-388-25122-3
Printed in Japan　ⓒSeiichi Yoshino